讲给孩子的
历史人物故事

春秋人物

牟晓萍 著

生活·讀書·新知 三联书店

Copyright © 2022 by SDX Joint Publishing Company.
All Rights Reserved.

本作品版权由生活·读书·新知三联书店所有。
未经许可，不得翻印。

图书在版编目（CIP）数据

讲给孩子的历史人物故事.春秋人物／牟晓萍著.—北京：
生活·读书·新知三联书店，2022.10
ISBN 978-7-108-07394-5

Ⅰ.①讲…　Ⅱ.①牟…　Ⅲ.①名人-生平事迹-中国-
春秋时代-少年读物　Ⅳ.①K820.2-49

中国版本图书馆 CIP 数据核字（2022）第 053506 号

责任编辑	胡群英	
装帧设计	刘　洋	
责任校对	张　睿	
责任印制	卢　岳	
出版发行	生活·讀書·新知 三联书店	
	（北京市东城区美术馆东街 22 号　100010）	
网　　址	www.sdxjpc.com	
经　　销	新华书店	
印　　刷	河北松源印刷有限公司	
版　　次	2022 年 10 月北京第 1 版	
	2022 年 10 月北京第 1 次印刷	
开　　本	880 毫米×1230 毫米　1/32　印张 6.375	
字　　数	95 千字　图 56 幅	
印　　数	0,001-5,000 册	
定　　价	39.00 元	

（印装查询：01064002715；邮购查询：01084010542）

目录

管 仲：春秋第一相 …… 1

重 耳：流亡十九载，花甲成霸业 …… 21

百里奚：安知五羊皮，换得千金身 …… 53

赵 武：赵氏孤儿存，忠义两相全 …… 80

楚庄王：一鸣惊人，问鼎中原 …… 103

伍子胥：生能酬楚怨，死可报吴恩 …… 125

范蠡：功名不恋知进退，三致千金陶朱公……151

晏婴：以五尺之短，谋万国之长……176

课后设计答案……201

管仲：春秋第一相

人物小档案

姓名：管夷吾，人称"管仲"

生卒年：约前725年—前645年

国别：齐国

职位：丞相

特点：射箭好、会识人

人生历程：马夫—商人—士兵—公子纠的老师—囚犯—国相

最好的朋友：鲍叔牙

最讨厌的人：竖刁、易牙、开方

名人名言：仓廪实则知礼节，衣食足则知荣辱管仲的一生是个传奇。

他饱经生活磨难,人生之路跌宕起伏,最初是名不见经传的贫家之子,甚至沦为阶下囚,最终却成功逆袭、华丽转身,帮助齐桓公成就霸业,成为春秋第一相。其事详见《史记·管晏列传》。

孔子虽然不喜欢管仲的为人,但是对他的功业赞不绝口。

"微管仲,吾其被发左衽矣!"这句话的意思是,如果没有管仲,我们恐怕要披头散发穿左衽的衣服了。

后世也经常有人崇拜管仲,或者以管仲自比,诸葛亮就是一个最为知名的例子。这么看,管仲的功劳大不大呢?

生我者父母,知我者鲍子

管仲生于贫穷之家,父亲早早过世,孤儿寡母相依为命,日子过得十分艰难。为了养家糊口,他很早就出来谋生,四处游历,从事过当时许多低贱的职业,如马夫、商人等,接触到很多的人,也积累了丰富的社会经验。

鲍叔牙

鲍叔牙是管仲的同乡,家境比管仲好很多,为人十分厚道,时常接济管仲,认为管仲必将有所作为。多年后,管仲果然官至宰相,曾讲过早年他与鲍叔牙之间的几个故事。

管仲曾经与鲍叔牙一起做过买卖。管仲家贫,哪出得了多少本钱?本钱的大头都是鲍叔牙出的,但是赚了钱呢,管仲却要求多分一些。有人觉得管仲爱占便宜、贪财好利,鲍叔牙却不以为意,他知道管仲家里穷,需要更多的钱。

管仲曾帮鲍叔牙出谋划策,结果却搞砸了,让鲍叔牙陷入更为窘困的境地。但是鲍叔牙不认为管仲愚笨,认为"谋事在人,成事在天",只是时机不对而已。

后来,管仲出仕,到官府里谋差事,结果三次当差三次皆被赶出。时人都觉得管仲无能、办事不力。鲍叔牙却说管仲是生不逢时,没有遇到赏识他的人。

管仲当过兵,一有战争,他就撒丫子狂奔。是冲向战场吗?正相反,是逃离战场!大家都觉得管仲胆小怯懦,鲍叔牙却替他辩解,说管仲不是贪生怕死,而是家有老母需要赡养。

面对时人眼中贪财、无能、贪生怕死的管仲,鲍叔牙始终能以同理之心看待管仲。在所有人都看不起管仲的时候,鲍叔牙始终如一地站在管仲一边。他深信管仲身负才干,只是苦于没有施展才能的舞台。这样的态度和做法是非常令人佩服的,展现了其为人的宽容大度和识人之智。

人生能得这样一知己,还有什么遗憾的呢?难怪后来管仲发出感叹:"生我的是父母,了解我的,只有鲍叔牙。"

管仲与鲍叔牙之间的深厚友谊成为一段佳话,传颂千年。成语"管鲍之交",即来源于此。

名篇摘选

管仲曰:"吾始困[1]时,尝与鲍叔贾[2],分财利多自与[3],鲍叔不以我为贪,知我贫也。吾尝为鲍叔谋事[4]而更穷困,鲍叔不以我为愚,知时有利不利也。吾尝三仕[5]三见逐于君[6],鲍叔不以我为不肖[7],知我不遇时。吾尝三战三走,鲍叔不以我怯,知我有老母也。……生我者父母,知我者鲍子也。"

【注释】

1. 困:艰难,窘迫。2. 贾(gǔ):贩卖。3. 与(yǔ):给予。4. 谋事:谋划,出主意。5. 仕:做官。6. 见逐于君:被国君驱逐。7. 不肖:不才,不贤。

助公子争位,遗射钩之恨

齐襄公在位时,荒淫无道,昏庸无能,国政混乱。此时,管仲和鲍叔牙同在齐国谋事——辅佐齐襄公的两个弟弟。管仲辅佐的是公子纠,鲍叔牙辅佐的是公子小白。由于预感国将大乱，担心受到殃及，管仲和鲍叔牙保护着两位公子出逃他国。公子纠的母亲是鲁国人，所以管仲和公子纠逃到了鲁国。公子小白的母亲是卫国人，当时卫国也很混乱，所以鲍叔牙和公子小白只好逃到了小小的莒国。

果然，不久，齐国发生了内乱。齐襄公被篡权者公孙无知寻机杀死。第二年，公孙无知又被杀了。一时间齐国无君，一派混乱。公子纠和小白都很有实力，是守国大臣们心中较为理想的国君继承人。可是，他们二人都不在齐国，那么，谁能更早地回到齐国，谁就可能成为齐国的国君。于是，一场继位争夺赛开始了。

天无二日，民无二主。是成为人上人的国君，还是命丧黄泉，唯一的因素，看谁的速度更快。

事不宜迟，听到消息后，公子纠和小白俱连夜往齐国赶。鲁国和莒国也立刻派军队护送。鲁国下了血本——鲁庄公亲率兵车三百乘（shèng，古代称四匹马拉的车一辆为一乘）护送公子纠和他的师傅管仲入齐。莒国也毫不含糊，拿出兵车一百乘护送公子小白回国。

历史小常识

车兵的基本队形

春秋时期,一乘攻车的配置为四匹马拉的一辆战车和七十五人(楚国为一百人),其中车上甲士三人,其余为步卒,在侧翼保护。当时,国家的强弱都用车辆的数目来计算。所谓千乘之国,是指拥有许多兵马的国家。

就这样,这场君位争夺赛正式拉开了帷幕。只是,双方行进的路程是不一样的。齐鲁之间有险峻的山脉相隔,行军需要绕道,因此所走路程要比从莒国到齐

春秋战车

西周战车

国更远。公子小白在莒国，极有可能会先一步到达齐国国都临淄，岂不是很占便宜？

这一点，管仲早就想到了。他自告奋勇领兵三十乘抄小路去截住公子小白，这样公子纠就没有竞争对手了。管仲带领这支"轻骑兵"东进，昼夜奔驰，行至即墨境内，却听说莒兵已经过去，于是马不停蹄在后追赶。直跑出三十余里，终于给追上了。管仲上前搭话，力图劝退公子小白，但公子小白和莒国军士对管仲时刻保持戒心。周围兵士怒目圆睁，大有动手之意。鲍叔牙也大声喝令管仲退去："你我各人为自己的主人效力，不要在这里费口舌了！"

管仲不再多话，退下的时候瞅准时机，"嗖"的一支箭直接射向公子小白。公子小白"啊"的一声惨叫，当即倒下，口吐鲜血。管仲对自己的射箭技术十分自信，认定这一

春秋时代的车马坑

箭肯定射中了公子小白的胸口，公子小白必死无疑。于是，他赶紧撤离现场，回去报信。

但是无巧不成书，有些事情偏偏那么凑巧，偏偏有那么多的剧情反转。

管仲这支箭的确射中了公子小白，但这支箭没有射到小白的身体，而是射到了他的衣带钩上，就是用来系腰带的金属扣。所以，公子小白压根儿没有受伤。面对突如其来的暗杀，他急中生智，故意惨叫一声，吐血倒下。这让管仲信以为真，放松了警惕。

历史小常识

春秋时期华夏族的衣着，上衣下裳

右衽（rèn）
左领压右领，在右腋下系带。

袖
又称"袂"（mèi）、"祛"（qū）。宽袖是中原华夏族服饰的主要特点。

贵族的腰带主要有两种材质。一种是丝，在腰前系带，垂下来的丝带叫"绅"。一种是皮革，皮革腰带需要配金属衣带钩。

这边，鲁庄公和公子纠得到管仲的消息后，不慌不忙地以旅游观光的速度向齐都临淄推进。那边，死里逃生的公子小白赶紧抓住机会赶路，轻车简从抄小道先行抵达临淄，在鲍叔牙的辅助下即位为齐国国君。得知这一消息时，公子纠和鲁国军队也已到了齐国地界，齐国便发兵去抵抗。很快，鲁国军队遭到齐国大队人马的围攻，战败。

这场君位争夺战终于落下帷幕。胜者为王败者寇。公子小白逆袭成为国君，即齐桓公。败者公子纠则没有活下去的机会了。

衣带钩

鲍氏举贤才，管氏相齐

齐国要求战败的鲁国处死公子纠。"他是我们国君的兄弟，国君不忍心杀他，你们看着处置吧。公子纠身边的两个老师是我们国君的仇家，一个叫召（Shào）忽，一个叫管仲，全押送来齐国，得把他们剁成肉酱才能一解心头之恨。"面对强大的齐国，鲁国害怕了，只得依从，赶紧杀掉了公子纠。召忽性格刚烈、忠心事主，眼见公子纠被杀，他宁可死去也绝不受辱，自杀殉了主。管仲则被囚禁起来，听候发落。他舍不得死去，他的人生抱负还没有实现，可是在此情形下，活下来的机会似乎非常渺茫。

九死一生的齐桓公，当然念念不忘射钩之恨，一心要杀掉管仲，报一箭之仇。作为多年的挚友，鲍叔牙一直相信管仲是不世之材，他不仅极力劝阻齐桓公，还向齐桓公推荐起用管仲。鲍叔牙对齐桓公说："那会儿他是公子纠的师傅，他用箭射您，正显出他对公子纠的忠心。臣有幸跟从了您，您现在成了国君。如今，臣已经不能为您锦上添花了。如果您想要治理国家，那么有我和高傒就足够了。如果您想称霸诸侯，那么非有管仲不可！管仲到哪个国家，哪个国家就能强盛。射钩之恨算什么，管仲能替您射得天下！"

在鲍叔牙的求情和极力举荐之下，渴望成就霸业的齐桓公决定捐弃前嫌，任用管仲。只是这个决定还不能让鲁国知道，否则鲁国定会截住管仲，这对齐国不利。于是齐桓公派使者去鲁国，假装愤怒的样子，要求鲁国交出管仲，让齐桓公能够手刃凶手、报仇雪恨。鲁庄公正要扔掉管仲这个烫手的山芋，却被一个叫施伯的大夫给拦住了。施伯说："听说管仲本事很大，咱们如果能重用管仲，强国富民指日可待啊，还用惧怕齐国吗？"

鲁庄公摇摇头，说："不行。管仲是齐国讨要的人，咱们刚刚战败，哪儿敢得罪齐君啊？"

施伯说："如果害怕忤逆齐国，那么干脆杀掉管仲，免得他为别国所用。反正齐君也说是要杀掉他，咱们替他解决了，不也正好交差吗？"

齐国的使者急忙说："不可能，国君差点被管仲射死，肯定不会重用他的。"

鲁庄公只好乖乖地把管仲交出去。就这样，管仲坐着囚车一路来到齐国。鲍叔牙早就等候多时了，亲自到城外迎接。鲍叔牙给管仲摘掉刑具，将他引荐给齐桓公。齐桓公跟管仲谈论霸王之术后，极为欣喜，大胆拜管仲为相国，委以政事。管仲的官位，反在鲍叔牙之上了。也是从这里开始，管仲成功逆袭，开始华丽转身。

经世济民，尊王攘夷

"仓廪实则知礼节，衣食足则知荣辱"是管仲的经典语录之一，意思是仓库储备充实了，百姓才懂得礼节，百姓丰衣足食了，才能知道荣辱。这也是管仲的施政理念。所以，管仲特别注重利用齐国临海的地理特点，借助鱼盐之利，帮助百姓富足、国家强盛。很快，齐国就成为诸侯各国中最富庶、最有战斗力的国家了。

在外交上，管仲也是特别善于权衡轻重，故常常因祸得福、转败为功。

有一次，齐桓公与夫人蔡姬乘船出游。蔡姬摇晃船只，与齐桓公嬉闹玩耍。哪知齐桓公是旱鸭子，被摇晃的船只吓得脸都白了，数次责令蔡姬住手。蔡姬呢，偏偏玩心比较重，晃得更起劲了。这个恶作剧可真真儿惹恼了齐桓公。

齐桓公一怒之下，把蔡姬送回了蔡国娘家。蔡国虽然是小国，但嫁出去的女儿被夫家给送了回来，蔡侯的脸上很是挂不住。老岳父一生气，干脆直接把女儿改嫁他人！齐桓公并没打算休妻，只是想给蔡姬一个教训，如此一来，可就弄巧成拙了。

名篇摘选

故其称曰："仓廪[1]实则知礼节，衣食足则知荣辱，上服度[2]则六亲[3]固。"

【注释】

1.仓廪（lǐn）：储存粮食的仓库。2.服度：遵守礼法。3.六亲：一种说法指父、母、兄、弟、妻、子。

恼羞成怒的齐桓公率各路诸侯联军攻打蔡国，蔡国当然不堪一击，很快就溃不成军。只是，堂堂大国这样欺负小国，未免太让人看笑话了。如果齐军就这样回国呢，摆明了国君就是因为一个女人而大动干戈，齐桓公的名声可就太难堪了。

管仲赶紧出主意，让齐桓公干脆继续率军南下，攻打楚国。面对来势汹汹的齐军，楚王表示很无辜。他派遣使者来到军中质问："君王在北方，我在南方，哪怕是我们两国走失的牛马也不会到达对方的境内。君王为何不顾迢迢远路，侵犯我的土地？"

管仲理直气壮地回答："赐给我们先君征伐的范围，东边到大海，西边到黄河，南边到穆陵，北边到无棣。我代表周天子来问问你，楚国为什么不向王室进贡包茅？"包茅，一种祭祀用的茅草，以楚国所产最好。楚国历来要向周王室进贡包茅。但是，周王室东迁之后，势力一落千丈，地盘也好，实力也罢，已经不足以与诸侯国相抗衡，因此大多数诸侯早就不向周王室进贡了。

管仲以"包茅不入"为齐国讨伐楚国的正当理由，实际上是打着"尊王"名义代替周天子行使权力，为出师正名。楚王当即表示："这件事情的确有，寡人有罪。"齐楚随即签订盟约，握手言和。

既然主张"尊王"，就得"攘夷"，这两件事情是连在一起的。擎起"尊王攘夷"的大旗，齐国不断对外扩张，取得号令诸侯的地位。

当时北方的少数民族山戎进攻燕国，燕国向齐国告急。齐桓公立刻带兵解救燕国，讨伐山戎，一直打到北边的孤竹国。差点儿被灭国的燕国对齐国很是感恩戴德。燕君亲自送齐国军队回国。燕君和齐桓公边走边聊，很是投机，一不小心，走出了燕国的国境，进入了齐国。这可麻烦了。按照西周的礼仪，一国国君送另一国国君，是不能出境的。燕君无意中违反了礼制，怎么办呢？

管仲替齐桓公想了一个主意，让齐桓公顺便就把燕君多走的这些土地慷慨送给燕国，这样，燕君就不算越境。管仲乘机让感激不尽的燕君回去修仁政，并按照西周以前的规矩，向周天子纳贡。

公元前651年，齐桓公在葵丘召集鲁、郑、卫、许、宋、曹等国的国君会盟，史称葵丘会盟。周天子也派代表参加，向齐桓公赐胙（zuò，王室祭祀祖先的

管仲：春秋第一相

福肉）、弓箭、车乘，正式承认了齐桓公的霸主地位。这是齐桓公多次召集诸侯会盟中最盛大的一次，他也成为中原的首位霸主。就这样，在管仲等的襄助下，齐桓公"九合诸侯""一匡天下""尊王攘夷"，开创了自周平王东迁以来中原少有的安定团结局面。管仲因此被齐桓公尊称为"仲父"，被孔子评论为"如其仁"。

临终留忠言，识人有智慧

管仲临死前，齐桓公问他："谁能接替你成为相国啊？"

管仲没有直接回答，只是说："没有比国君更知道臣下的了。"

齐桓公试探地问："易牙怎么样啊？"易牙是齐桓公的宠臣，擅长烹饪。有一次，吃腻了山珍海味的齐桓公没有胃口，什么东西都吃不下，易牙想起齐桓公曾说遗憾唯独没有吃过人肉，就把自己年幼的儿子杀掉煮给齐桓公吃。这就是易牙烹子、烹子献糜的典故。齐桓公很感动，觉得没有比这更忠心的臣子了，对其愈加信任，有意让易牙接替管仲成为相国。

管仲说:"不可以,杀掉儿子侍奉君主,连基本的人情味儿都没有,怎么当相国?"

齐桓公只好又问:"开方如何?"开方是卫国的公子,在齐国侍奉齐桓公十五年,甚至自己的父母死了也没有回去奔丧。

管仲说:"背离父母来侍奉君王,没有人情,如何当相国?"

齐桓公又问:"竖刁如何?"竖刁为了更近地侍奉齐桓公,自愿成为宦官。

管仲说:"对自己的身体做出如此残忍的事情,这得是多么狠心的人啊。"

齐桓公对此不以为然。管仲病逝之后,齐桓公没有听信他的建议,仍然亲近和重用易牙、开方和竖刁,导致这三人把持着齐国的大权。之后,他们果然为了个人利益干预国政,引起齐国大乱。齐桓公一死,易牙进入宫中,和竖刁一起杀戮诸臣,废弃齐桓公和管仲之前册立的太子昭,拥立齐桓公宠妾长卫姬的儿子公子无诡。太子昭外逃投奔宋国。齐桓公的其他几个儿子则与无诡互相攻杀。

在这场混乱中,谁也没有心思去顾及已经死去的齐桓公。齐桓公的尸体在床上停放了六十七天，因腐烂而爬满蛆虫，惨不忍睹。直到公子无诡被立为国君，齐桓公的尸体才被收殓进棺材。不久，宋襄公率领诸侯联军护送太子昭回国继位。齐国人害怕了，就杀掉即位才三个月的公子无诡，连谥号都不给。但随后齐桓公的几个儿子之间再起混战，在宋国军队的帮助下，最终太子昭被立为国君，即齐孝公。尘埃落定，齐桓公才得以下葬。

一代霸主落得这样的下场，可悲可叹！残酷的事实也证明了管仲识人的智慧。

课后设计

【一家之言】

成语典故"管鲍之交"在中国家喻户晓，你能只改动其中两个字，组成它的同义词和反义词吗？

【思维拓展】

　　管鲍之交是怎样的友谊？什么样的友谊才能持久？有真正对等的友谊吗？

重耳：流亡十九载，花甲成霸业

人物小档案

姓名：重耳

生卒年：约前697年—前628年

国别：晋国

职位：国君

特点：能吃苦、特长寿

人生历程：晋国公子—流亡公子—晋国国君

忠心的臣子：赵衰、狐偃、介子推

要杀掉他的人：父亲晋献公、哥哥晋惠公、楚国大将子玉……

故事出处：《史记·晋世家》《左传》

与齐桓公并称"齐桓晋文"的晋文公重耳,是春秋五霸中的第二位霸主。他四十三岁时被迫踏上逃亡之路,居然在外流浪了十九年!之后他历经艰难坎坷,备尝人间冷暖,在六十二岁的时候成为晋国国君。五年后的践土之盟,晋国被推为盟主,晋文公确立霸主地位,开创了晋国长达百年的霸业。

霸心生于骊姬

齐桓公确立霸主地位的葵丘会盟,晋国和秦国两个大国都没有参加。晋国是姬姓之国、中原大国,一直以来,都以拱卫周天子统治为己任。整个春秋时期,晋国都是实力强大的诸侯国之一。在齐桓公打着"尊王攘夷"的旗号,北击山戎,南伐楚国,第一个称霸诸侯的时候,晋国正忙于内乱,还没有机会放眼天下。

晋国内乱的起源,要从晋献公说起。晋献公有八个儿子,其中有三位非常贤能,分别是太子申生、公子重耳、公子夷吾。太子申生的母亲是齐桓公的女儿,人称齐姜。公子重耳和公子夷吾同岁,他们的母亲是姐妹，同来自狄国。晋献公即位的时候，这几个儿子已经成年了。

公元前672年，晋献公率兵讨伐骊戎（Líróng）。骊戎被打败，向晋献公献上骊姬和她的妹妹少姬求和。骊姬不但美若天仙，而且能言善辩，晋献公对之甚是喜爱。后来，骊姬生下一个儿子，取名奚齐。晋献公自是十分高兴，将骊姬册封为夫人，并爱屋及乌，很是疼爱奚齐，以至于有重立太子之意。于是，他打发申生、重耳和夷吾到各自的封地去，有意疏远这三个儿子。

一天，晋献公私下对骊姬说出了自己的想法："我想要废掉太子，让奚齐代替他。"

骊姬当即泪如雨下，言辞恳切地说："晋国立申生为太子，诸侯各国都已经知晓。尤其是太子的外公，那可是称霸一时的齐桓公啊，有大国作为后盾，怎么可能说废就废呢？太子本人更是多次带领军队外出作战，素有贤能的名声，百姓信服。如今，为什么要因宠爱我而废长立幼、废嫡立庶呢？如果国君还是要一意孤行的话，我就立刻自杀谢罪！"

哪知骊姬这是深知时机尚不成熟，故意当着晋献公的面，假装表扬太子，背地里却让人不断进谗言，恶意中伤太子。过了两年，一次趁申生回到都城，骊姬决定使用毒计对太子下狠手。她对太子说："你的父亲昨晚梦见你去世的母亲齐姜了，你赶紧去曲沃的坟前祭奠她吧，把祭祀的福肉带回献给你父亲。"

于是，太子按照礼法要求祭奠自己的母亲，并将祭祀用的酒肉带回，献给他的父亲晋献公。恰巧，晋献公外出打猎未归，只得将酒肉放在宫中。骊姬趁机派人将毒药放入酒肉中。

两天后晋献公打猎归来，掌管膳食的官员把酒肉呈上来。晋献公正要吃的时候，骊姬在旁阻止了他，贴心地说："酒肉从远方而来，为保险起见，还是检测一下再吃吧。"

于是，晋献公以酒洒地，结果土地隆起；以一块肉喂狗，狗死；给小宦吃，小宦也死了。

见此情景，骊姬垂泪不已："太子你怎么忍心这么做啊！为了成为国君，连自己的亲生父亲都敢杀，何况他人呢？你父亲已经年老，时日本已无多，难道就这么等不及要置他于死地吗？"

骊姬转而对晋献公说："太子之所以这么急不可

待,无非是因为我和奚齐啊。我愿意带着儿子到他国避难,或者我们早早自杀,以免成为太子的刀下之鬼。当初国君您要废太子,我还阻止您,现在,我就要自食其果了呀。"

骊姬声泪俱下地控诉,句句切中要害,晋献公最终信以为真。

消息传出后,太子立即奔回自己的封地避祸。晋献公怒不可遏,诛杀了太子的师傅,派人领兵前去攻打申生。

有人对太子说:"这下药的分明是骊姬,太子为何不向国君解释一下,自证清白?"

太子回复说:"我的父亲已经年老,没有骊姬,他睡不好吃不好。即使我申辩成功,父亲定会异常愤怒、伤心欲绝,不可以这样做。"

于是有人劝太子说:"可以暂时逃到他国避祸。"

太子说:"背负着弑君谋反的罪名,哪个国家敢收留我?我还是自杀以示清白吧。"

最终,太子申生自杀身亡。骊姬如愿以偿地去掉了眼中钉、肉中刺。这场因骊姬而起的政治斗争,也改变了公子重耳和夷吾的生活与命运。

避祸于狄十二载

此时公子重耳和夷吾来到国都。有人告诉骊姬，二位公子定会怨恨她故意进谗言杀了太子。骊姬害怕起来，干脆一不做，二不休，继续恶人先告状，诬陷重耳和夷吾。她对晋献公说："太子下毒之事，二位公子也是知情人。"

这样无中生有的中伤，已足够令二位公子心生恐惧，况且又有太子蒙冤而死的先例。于是，二位公子赶紧回到自己的封地。两个儿子的不辞而别令晋献公十分愤怒，更加疑心他们参与了谋杀阴谋，于是分别派人前去攻伐。因抵挡不住，重耳和夷吾相继被迫弃城逃出晋国。重耳逃到了狄国，夷吾则逃到了梁。

几年后，晋献公病重，果然指定骊姬的儿子奚齐为继承人，并任命荀息为相国辅佐新君。谁知骊姬的算计终究落了空。奚齐年少无威，在晋献公还未下葬之际，就被朝中大夫杀掉了。荀息只得另立骊姬妹妹所生的儿子悼子。悼子更是年幼，没过多久就又被杀掉了。荀息也惨遭杀害。晋国一时无君，朝中大夫主要分成两派：一派主张迎立公子重耳，另一派主张迎立公子夷吾。

重耳：流亡十九载，花甲成霸业

晋国派人到狄，找到公子重耳，邀请他回去继位。

此时，重耳已经五十多岁了，眼见着晋国大乱，两任国君被杀，而且晋国还有其他公子在，自己长期流浪在外，这时候回去安全吗？会不会成为又一个刀下之鬼呢？是继续寄人篱下，还是回国继位？重耳几经犹豫，最终谢绝了这一邀请。

于是，晋国又派人到梁，邀请公子夷吾回国继任国君。夷吾倒是非常想回去，毕竟国君之位充满诱惑，但是他也觉得形势险恶，不可贸然行事。如果不能得到朝中大夫的支持，如果不能借助大国的威势入晋，怕也是自身难保。

于是，夷吾派人到秦国，携重金贿赂姐夫秦穆公而且许诺：如果秦国发兵帮助他回国继承大统，他就将河西之地割与秦国。河西之地对于秦国有着重要的战略意义，对于秦穆公而言，这是一笔难以拒绝的交易。于是，秦穆公发兵护送夷吾回国，恰好齐桓公也率诸侯来到晋国，齐国就和秦国一起，助力夷吾成为晋国国君——晋惠公。

夷吾即位后，并不想遵守之前许下的诺言。他派人到秦国向秦穆公解释："原来答应割与河西之地，但是大臣们都不同意,说土地是先君之地,我一流亡在外的公子,没有权力将土地给予他人。"

如此背信弃义,秦穆公自然心有不甘。过了不久,晋国和秦国就刀兵相见了。晋惠公忘了秦国的恩情,反趁其饥荒发兵攻打,却败下阵来,竟被秦兵活捉。

秦穆公的夫人得知自己的弟弟被捉,不肯善罢甘休。几经波折和谈判,夷吾总算活着回到晋国。夷吾回国后,惧怕重耳返晋,为除后患,决定诛杀已在狄国避难十二载的重耳。

流亡途中识忠臣

此时,重耳已经五十五岁,在狄国已娶妻生子,夫妻恩爱,生活十分美满。原以为生活能一直这样波澜不惊,不承想却忽然接到夷吾派刺客谋杀他的密报。重耳只好离开狄国,再次踏上逃亡之路。

出逃前,重耳跟他的妻子说:"此次一别,不知何时相见。你等我二十五年,要是我没回来的话,你就改嫁吧。"

他妻子笑着说:"二十五年?那时我已行将就木,

重耳：流亡十九载，花甲成霸业

还改什么嫁啊！我会抚养好孩子，等着你回来的。"这番回答展现出了一位贤妻良母的贞节和大度，也让重耳可以放心地离开，以图东山再起。

可是，逃到哪个国家去呢？小国多畏惧强大的晋国，肯定待不住。大国呢，就是齐国了。管仲已经去世，齐桓公正渴求贤能人才，这是寻求支持、东山再起的好机会。于是，重耳决定去齐国。

到齐国，要先经过卫国。对待重耳一行人，卫国君主态度很是傲慢。的确，说好听了，重耳是晋国的公子，应当给予礼遇；说不好听了，重耳就是晋国的逃犯，如丧家之犬一般让人瞧不起。

哪知屋漏偏逢连夜雨，就在仓皇逃亡的途中，一个随从偷光了重耳的粮食逃跑了。一行人来到五鹿的时候，已经几日粒米未进、滴水不沾了，实在是饥饿难忍，只好向当地的老百姓乞讨一些食物。

村夫看到这些外来的贵人也落魄得不成人样，反倒向他们乞讨食物，非但不给予食物，反而决定奚落一下这帮人。他们将土块盛在容器里递过去，嘲弄地说："给，吃吧！"重耳受此侮辱，不禁怒火中烧。怎么说也是一国公子，哪里受到过这样的欺侮呢？

讲给孩子的历史人物故事·春秋人物

重耳身边有个谋臣叫赵衰,脑子转得很快。他赶紧劝解怒气冲冲的重耳说:"土,是拥有土地的意思。这是个好兆头,您赶紧跪拜接受吧。"其实,他们全都饿得头晕眼花,哪里还顾得上什么好兆头、坏兆头呢?不过是给自己找个台阶下罢了。

来到一处前不着村后不着店的地方,又累又饿的重耳晕倒在地,再也没有力气前行了,不禁凄凉地感叹:难道我的性命,就要终止在这里了吗?

恍惚之间,突见有人捧着一碗肉汤而来,重耳赶紧坐起来。定睛一看,送肉汤的是手下一位随从,叫介子推。重耳狼吞虎咽吃完后,赶紧问他:"肉是从哪里讨来的啊?"

介子推支支吾吾,众人觉得不太对劲,这才发现他的大腿上有包扎的痕迹。原来,这救命的肉汤是介子推用自己腿上割下的肉煮的。介子推"割股奉君"的举动,让重耳很是感动,表示将来一定重加封赏。

留齐五年不愿行

挨到齐国,重耳一行受到了齐桓公的盛情款待。

重耳：流亡十九载，花甲成霸业

齐桓公赏赐重耳二十乘，还把宗室之女姜氏嫁给重耳。

重耳在齐国安顿下来，衣食无忧，一待就是五年。就在重耳到达的第二年，齐桓公病逝，随即齐国大乱，齐桓公更是长达六十七天无人收尸。虽然已无法寻求强有力的支持，但年已六十的重耳渐渐失去斗志，不想离开齐国：在这里有吃有喝，有妻有子，小日子过得舒舒服服的，谁还愿意再去过颠沛流离的逃亡日子呢？但是他身边还有一直跟随的一些人呢，他们当然希望重耳有朝一日能成就大业。眼见重耳已满足于以"老婆孩子热炕头"这样的状态过一辈子，赵衰和狐偃有一天就在桑树下谋划离开的事情。赵衰就是乞讨时让重耳接受土块的谋臣。狐偃是重耳的舅舅，重耳从小接受他的教导。不巧，重耳妻子的婢女听到了这一密谋并且去告诉了她的主人。

这位齐姜氏和重耳十分恩爱。得知此事，她狠心杀了自己的贴身婢女，以免消息泄露，然后督促夫君赶紧一同离开。

谁不愿意夫君陪着自己过安安稳稳的日子呢？一旦离开，两人可能一辈子都不得相见。但她知道，贪恋享乐和安于现状是足可以摧毁一个人的名声的。重耳背负着国仇家恨，身边还有一群晋国重臣，是不应该长久待在齐国的。

夫人的壮举令重耳心生敬佩，可是花甲之年的重耳怎么劝都不听，反正就是不走。他说："人生安乐，哪管其他？我就要安安稳稳地死在这里。"

好言相劝看来是行不通的。文的不行，就来武的。

无奈之下，这位齐国夫人干脆和赵衰、狐偃等人给重耳设了个圈套。他们把重耳灌醉，直接扶上车子就带走了。走了很远的路，重耳才清醒过来，一看，被人摆了一道，大怒，抄起家伙就要杀狐偃。狐偃一边跑一边说："若杀了我能成就你，我甘愿受死。"话虽如此，这狐偃的脚却不敢闲着，跑得比谁都快。

于是，五十三岁的重耳持着长戈在后面追骂七十一岁的舅舅："要是事情不成功，我吃了你的肉！"

狐偃赶紧嬉皮笑脸地说："就算事不成，我的肉这么腥臊，哪里值得吃啊？"

两人嘴上打打架，旁观者嘻嘻哈哈，这件事就过去了。虽然在流亡途中，重耳与这些随从早已结下深厚的友谊，但如果他坚持待在齐国的话，跟随他的晋国重臣眼见达不到自己的政治目的，很有可能会离他而去。

就这样，赶鸭子上架，重耳只得硬着头皮继续流亡，寻求大国的支持和复仇的机会。

这件事情的解决，重耳的齐国夫人也功不可没。她深明大义、忠烈果敢，对重耳有情有义、鼎力支持。可以说，重耳在狄国和齐国的这两位夫人，都直接地推动着重耳更加坚定政治志向。重耳日后的功业里，也有这些女性的一份功劳。她们的言行就这样被记录在史册里，得以流传。

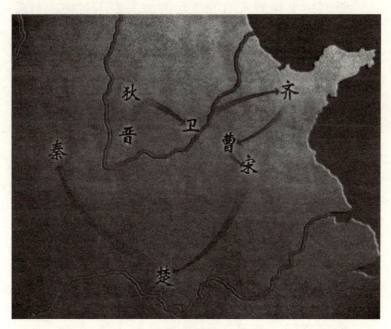

重耳流亡路线图

再踏艰辛流亡路

重新踏上流亡之路的重耳,再次备尝人间艰辛。离开齐国后,他先是前往了曹国。

曹国国君共公听说重耳的肋骨长得跟别人不一样,特别好奇,就留住重耳,趁他洗澡的时候在外面偷窥。这样的行为真是无礼至极!重耳知道后,非常痛恨,暗自要报复曹国。

曹国一个叫釐(Xī)负羁的大夫看不过去,对曹共公说:"晋公子重耳以贤德闻名天下,和曹国又是同姓,现在他落难经过我们这里,为何不厚礼接待呢?"曹共公不加理会。于是釐负羁私下给重耳送去一桌丰富的美食,还在食物下面放了一块玉璧,用以接济重耳。重耳接受了釐负羁的一片盛情,享用了食物,但把玉璧还了回去。

来到宋国时,宋国国君襄公听说重耳非常贤能,很是重视,以国礼相待。宋国本是小国,且刚刚在和楚国的交战中吃了败仗,宋襄公也身负重伤。重耳等深感无法寻求庇护和支持,所以一行人只好继续上路。

来到郑国,重耳一行再次受到冷遇。郑国君主

重耳：流亡十九载，花甲成霸业

说："各国逃亡的公子多了去了，哪能一一尽到礼数呢？"有人建议如果不加礼遇，干脆杀掉重耳以绝后患。郑国国君没有理会，任由重耳离去。

接着重耳一行流亡到楚国。楚国是个大国，楚成王以诸侯的最高礼节接待了重耳。多次受到小国的轻视和怠慢，来到楚国却受到盛情款待，重耳心里十分感激。一次，楚王问重耳："你要是回了晋国，会拿什么回报我呢？"重耳答："羽毛、齿角、玉帛这些贵重物品，君王您应有尽有，我也不知道能拿什么来回报。这样吧，万一因为什么不得已的原因，楚国和晋国要陈兵战场，我自愿率军撤退九十里，来回报您今日的恩情。"

成语释义

退避三舍：主动退让九十里，比喻退让和回避，避免冲突。

楚国大将子玉听到这番话很不高兴，私下对楚王说："楚王待公子不薄，他却出言不逊，声称将来要在战场上相见。说出如此不得体的话语，让我去把他杀了！"楚成王说："晋国公子重耳素有名望，久困在外，仍有数名贤者辅佐，这是上天自有安排，怎能说杀就杀呢？"子玉又说："即使不杀重耳，也要扣留住赵衰、狐偃等人，不要让晋国如虎添翼。"楚成王却说："我留住他们，也没法重用，反而还把关系搞僵了，何必呢？"

受到楚成王真心实意的招待，重耳心存感激，在楚国待了好几个月，突然时来运转。

名篇摘选

成王厚遇[1]重耳，重耳甚卑。成王曰："子即反[2]国，何以报寡人[3]？"重耳曰："羽毛齿角玉帛，君王所余[4]，未知所以报。"王曰："虽然，何以报不穀[5]？"重耳曰："即不得已，与

重耳：流亡十九载，花甲成霸业

君王以兵车会平原广泽，请避王三舍⁶。"

——《史记·晋世家》

【注释】

1.遇：对待。2.反：古同"返"，返回。3.寡人：古代君王自谦之词。4.余：丰足，宽裕。5.不穀（gǔ）：古代君王自谦之词。6.舍（shè）：古代行军三十里为一舍。

时来运转成国君

就在重耳留居楚国期间，晋惠公夷吾病重。晋国太子圉（yǔ）当时正在秦国做质子。秦穆公为了稳住圉，把自己的女儿嫁给了他。圉听说老爹病重，十分焦急，生怕父亲死后其他公子夺位。于是，他和妻子商量，要一起逃回晋国。圉的夫人说："你是一国太子，困在秦国的确受了委屈。但是，国君将我嫁给你，就是要你安心留在秦国。现在你要逃亡，我不会相从，但也不会告发。"

于是，圉没有经过秦国的同意就只身逃回晋国，在晋惠公去世后继承了君位，他就是晋怀公。圉做了国君，如虎归山。为了摆脱秦国的控制，他决定不再与秦国来往，并不派人去接回自己的夫人。圉的背信弃义惹恼了秦国。从夷吾到圉，这父子二人的出尔反尔让秦穆公忍无可忍、失望透顶。作为一位有野心的政治家，重耳的流亡让他再次看到了控制晋国的可能。他听说重耳当下正在楚国，决定改为扶植重耳，对抗新即位的晋怀公圉。于是，重耳得到机会进入秦国。

秦穆公亲自挑选了五个宗室之女嫁给重耳，这其中就有圉留在秦国的妻子。重耳很为难：圉是夷吾的儿子、自己的侄子，这件事情不太符合伦理，还是很让人不齿的。重耳原本打算拒绝，可是随从的一番话打消了他的顾虑："圉的国家都是我们的，何况他的妻子！成大事者不拘小节，可别忘了走到今天，我们流亡途中经受了多少的奇耻大辱啊。还是接受秦国的安排吧。"于是，重耳不再推辞，接受了秦穆公的一番美意。

重耳：流亡十九载，花甲成霸业

晋怀公即位以后，根基不稳，极度缺乏安全感，对他威胁最大的正是在各国都有良好声誉的伯父重耳。为了削弱重耳的力量，晋怀公下令：凡是跟从重耳流亡的人，在规定期限内必须回国，否则就杀掉其家人。

狐偃、狐毛一直跟随在重耳身边，是重耳的得力助手。他们的父亲狐突成为第一个被控制的人。狐突是夷吾、重耳的外祖父，也是晋怀公的外曾祖父。他拒绝听从晋怀公的命令召狐偃、狐毛回国。赵衰的家族也拒绝了晋怀公的要求。见人人不归顺自己，年轻气盛的晋怀公制造了一场大屠杀，狐突等被杀。晋怀公治下的晋国一时成了黎明前的黑夜。这样的杀戮反而让晋怀公更加不得人心，晋国内部更多的人倒向重耳这边，愿意做重耳返国的内应。

见时机成熟，秦穆公派兵护送重耳回国。朝中大夫纷纷支持重耳，就连之前拥立晋怀公继位的重臣也都转了向，晋怀公落得个众叛亲离的下场。最终，晋怀公逃离被杀。在外流浪了十九年的公子重耳，终于在众望所归中当上了国君。他就是晋国第二十二任君主晋文公。而这个时候，重耳已经六十二岁了，真可谓大器晚成！

历史小常识

【人物关系图】

晋献公 ┬ 申生（太子）
　　　 ├ 重耳（晋文公）
　　　 ├ 夷吾（晋惠公）——圉（晋怀公）
　　　 ├ 奚齐
　　　 └ 悼子

重耳：流亡十九载，花甲成霸业

论功行赏忘子推

　　重耳从秦返国，经过黄河的时候，狐偃突然说："我们追随您多国辗转，其间所犯过错甚多，如今您即将大功告成，我们已年老体弱，不如就此让我们这些人散去吧。"这话分明是在试探即将执掌权柄的重耳，是否对这些谋臣心存感激。重耳当即立下誓言："返回晋国后，如果我背信弃义，不与你同心，就让河神惩罚我吧。"说罢，重耳将一块玉璧投入河中，以表决

晋文公复国（及宋，宋襄公赠马二十乘）

重耳：流亡十九载，花甲成霸业

晋文公复国（及郑，不受待见）

晋文公复国（及楚）

讲给孩子的历史人物故事·春秋人物

重耳：流亡十九载，花甲成霸业

晋文公复国（入秦）

晋文公复国（过黄河）

心。这一举动,让跟随他漂泊多年的老臣深感欣慰。

但此时,却有一个人在冷笑,原来是介子推。介子推说:"公子回国,是上天开恩,狐偃却以是自己的功劳要挟公子,真是够丢人的!我才不跟这样的人在一起呢。"于是介子推在回国途中隐居了起来。

重耳坐稳国君之位后,将秦国的夫人们迎回晋国,同时开始对功臣们论功行赏。功劳大的有封地,功劳小的有爵位。所有跟随重耳流亡的人都得到了封赏,但是不夸功、不求赏的介子推却被遗忘了,没有得到封赏。

介子推坦然地说:"晋献公有这么多儿子,只有重耳一个尚在人世。实在是上天给了重耳机会,让他成为国君的,这难道是一两个人辅佐的功劳吗?偷窃别人的财物,是盗贼,贪取上天的功劳,又是何罪呢?"

他的母亲说:"为什么不去请求自己的封赏呢?就这样死了,怨谁?"

介子推说:"明知这样做是错的,还一味去效仿,这不是错上加错吗?况且我已经口出怨言,那就绝对不会接受赏赐了。"

母亲说:"那也应让国君知道我们不贪天之功,也不食其俸禄。"

介子推说:"语言是身上的纹饰。我连身体都要隐藏,又要纹饰做何用呢?"

母亲说:"好吧,那我和你一起隐居吧。"

于是,介子推带着母亲,隐居到了谷深林密的绵山之中。

介子推的门人和随从非常不满,为他打抱不平。他们在晋文公的宫门悬挂了一封书信,上面写着:"龙要上天,五条蛇尽心辅佐。龙已直入云霄,四条蛇各自进入自己的殿堂,只有一条蛇独自悲伤,没有找到自己的住所。"

晋文公出门,看到这封书信,说:"这里说的一定就是介子推啊。我此前忧心王室,忘记封赏他的功劳了。"于是他派人去召介子推,才知道介子推已经隐居到绵山了。

晋文公很是过意不去,亲自带人到绵山找寻介子推,定要请他出山。可是绵山太大了,大家找了几天几夜也找不到。于是,重耳采纳了一个愚蠢的主意,那就是放火烧山,把介子推给逼出来。结果介子推和母亲都宁可被烧死也不出来。大火烧尽之后,人们在一棵树下找到了介子推和他母亲的尸体，纷纷感慨不已。

晋文公非常后悔，当即决定把绵山和周围的土地都分封给介子推，改名为"介山"，用来表彰这位贤臣。同时，晋文公还把介子推死前依靠的这棵树砍下来，做成木屐，穿在脚上，以时时反思内省，记住自己的过错。

民间为了纪念宁可被火烧死也不接受封赏的介子推，在清明节的头一天，禁烟火，只吃冷食。这就是寒食节的由来。

城濮之战定霸业

晋文公即位后，对内遍赏功臣，对外以"德"服人，且扶助周王室，赢得了各诸侯的一致好感。

楚国一直不满于做周王室的诸侯，只是碍于齐桓公的霸权，将自己的野心遏制了几十年。齐桓公去世后，中原群龙无首，楚国又开始兴风作浪。晋文公即位两年后，楚国率兵攻打宋国，宋国向晋告急。这拉开了城濮之战的大幕。

重耳流亡之时，宋国国君曾以礼相待。如今宋国

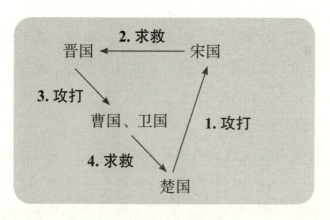

侵曹伐卫示意图

有难,应该相助,可是,当年楚国也有恩于重耳啊。帮宋国打楚国,不合适;见死不救,也不应当。正在两难之际,赵衰出了一个主意:曹国和卫国是楚国的盟国,又曾经对过境的重耳很无礼,晋国何不攻打曹、卫,逼楚国从宋国撤兵?于是,晋文公扩充三军,侵曹伐卫。

心惊胆战的卫国国君,请求与晋国结盟,晋国人不同意;想要讨好楚国,卫国人又不同意。于是,卫国国君被国人驱逐。曹国国君更惨,这个当年偷窥重耳洗澡的家伙,最后被攻入曹国都城的晋军活捉。不过,在攻打曹国时,晋文公特意命令军队保全曹国大夫釐负羁一家,以报釐负羁当年赐食赠璧之恩。

晋文公的军队虽顺利攻下卫国、曹国，然而楚国不理晋军，继续猛攻宋国。宋国再次求援。晋文公并不急于一战，而是试图孤立楚军，先去争取齐国、秦国等中原大国的支持。

楚成王敏锐地觉察到形势不利于己，传令撤军。但是楚国大将子玉为晋国的这些举动所激怒，根本听不进劝告。子玉对楚成王说："君王待重耳不薄，现在晋国故意讨伐与楚国结盟的曹国、卫国，分明是在藐视您，一定要给晋国一些教训不可！"

楚成王却告诫说："重耳流亡在外十九年，历经磨难才得以回到故土。他有德行又有谋略，善待臣民、尊奉周王，绝非等闲之辈，这是老天在为他开路啊，咱们不要阻挡。"

可是，子玉就是咽不下这口气，一再请战，要与晋人一决雌雄。楚成王只得单独撤军，让子玉带着部分军队继续留在前线。求胜心切的子玉果然向晋军发出挑战。战争一开始，楚军击鼓出战，晋文公却下令：退兵！

将士们以为听错了，很是不理解，赶紧问：为什么退兵啊？

原来这是要履行国君之前和楚成王的约定啊：双方交战时，晋国应主动后退九十里！于是，决战场地换到了城濮。

其实，这也是晋文公的计谋。晋军退避三舍，一来避开了子玉的锋芒，二来令楚军更加傲慢和轻敌。

到决战的时候，晋文公在齐国、秦国、宋国军队的声援下，率军在城濮严阵以待。晋军给马蒙上虎皮，先进攻相对较弱的楚军右翼，并在后队的马尾巴上系上树枝假装撤退，让楚军远远望去烟尘滚滚，造成晋军溃不成军的假象，引诱楚军左翼冒险深入。子玉所率领的中军虽是主力，但是左右军均已失利，只得撤出战场。结果，晋国大获全胜，焚烧楚军士兵尸体的大火蔓延了三个月才熄灭。城濮之战的惨烈也就可想而知了。

奇怪的是，得胜的重耳并没有骄傲之色，反而连连叹息。众将皆问："您打败了强大的楚军，威震天下，为何面有难色啊？"

晋文公说："楚国大将子玉仍在，仍然是个不小的威胁。"

幸而没过多久有消息传来，战败而回的子玉已被逼自杀。晋文公这才放下心来。

城濮之战一个月后,晋文公来到郑国践土,与七国国君举行会盟,史称"践土之盟"。周天子亲自到场,册封晋文公为"侯伯",即诸侯之长。六十七岁高龄的晋文公"一战而霸",成为中原第二位霸主。

因骊姬之乱,重耳的人生发生转变。流浪各国十九年,他受尽嘲讽和屈辱。但是,也正是在这个过程中,重耳学会了隐忍待发,学会了能屈能伸,学会了矢志不渝,学会了遵守承诺。他六十二岁的时候才得偿所愿回到故国,六十七岁的时候终于称霸诸侯,扬名天下。

但是,在城濮之战中声援晋国的秦国,却没有出席践土之盟。这又是一个怎样的伏笔呢?

课后设计

【左图右史】

重耳流亡十九年,走过八个诸侯国,试试动手将重耳的流亡路线示意图画出来。

百里奚：安知五羊皮，换得千金身

百里奚：安知五羊皮，换得千金身

人物小档案

姓名：百里奚

生卒年：约前726年—前621年

国别：虞国

职位：秦国大夫

人生经历：乞丐—虞国大夫—奴隶—秦国大夫

最好的朋友：蹇叔

重用他的国君：秦穆公

故事出处：《史记·秦本纪》《左传》

百里奚自幼家贫，在齐国游历的时候，竟沦落到乞讨度日的地步，后在虞国官至大夫。虞国为晋所灭时他被俘虏，被晋献公作为自己女儿秦穆公夫人的陪嫁送去秦国。不甘心的百里奚半路逃走，被楚人抓住，以牧牛为生。秦穆公听说百里奚十分有才华，遂以缉拿逃奴为由，用奴隶身价——五张羊皮将他赎回，拜为大夫，因号"五羖（gǔ）大夫"。羖就是黑色的公羊。这就是羊皮换相的典故。

贫困所累，久不得志

百里奚是春秋虞国人。虞国是一个小国，北边是大国晋国，南边是另一个小国虢（Guó）。百里奚家里很穷，三十多岁才娶上媳妇，生了个儿子。妻子杜氏是个深明大义的女子，她知道自己的丈夫人穷志不穷，读过一些书，很有才学，于是鼓励他出游列国求取官职。

为了给丈夫送行，杜氏杀了家里唯一的母鸡，煮了糙米饭。连煮饭的柴火都不够了，杜氏就劈了门闩当柴烧。临行前，杜氏再三叮嘱：若富贵，勿相忘！

妻子杜氏劈门闩炖母鸡

百里奚一路游历,来到齐国。齐国虽国力渐强,但当时是齐襄公在位,从政任性妄为,内政外交都较为乌烟瘴气。百里奚背井离乡来到这里,没有人能够为他引荐,因此四处碰壁,当官的愿望落空。盘缠花完了,人也病倒了,百里奚只好沦落为街头的乞丐,以要饭为生。

在这期间,百里奚遇到了他人生中的贵人。这个人叫蹇(Jiǎn)叔,宋国人,特别会识人,很有见识,对当时列国的形势有清晰的了解。蹇叔看百里奚的相貌，认定他不是普通的乞丐。两人一攀谈，话语特别投机，大有相见恨晚之感，遂结拜为兄弟，蹇叔为兄，百里奚为弟。百里奚暂住蹇叔家，以帮助其养牛为生。

听说齐国正在招揽人才，百里奚就告诉蹇叔，他觉得齐国的公子无知不错，想要去投靠。蹇叔却说：无知张扬跋扈，没有前途；多位公子逃亡在外，肯定不会善罢甘休。于是，百里奚没有前往投奔无知。果然，不多久，弑杀齐襄公自立为国君的公子无知，很快就被国人所杀。因为听从了蹇叔的劝告，百里奚在齐国内乱中躲过一劫。

周王室有一个王子叫颓。他喜欢牛，凡是给他养牛的人都能得到重赏。自周平王东迁后，周王室有名无实，日子过得一天不如一天：论实力，只相当于一个小国，但在称呼上，还是比诸侯国高一等。求官心切的百里奚便到了周都，去给王子颓养牛。王子颓对百里奚很满意，留下他为家臣，并打算提拔他为官。

不久，蹇叔来看望百里奚，百里奚将他引荐给王子颓。蹇叔对百里奚说：王子颓志大才疏，左右都是些心术不正之人，跟着他是要遭难的。百里奚努力了

百里奚和蹇叔结拜为兄弟

许久，即将成功之时，被蹇叔一盆冷水泼下来，不免透心凉。不过，百里奚还是听从了蹇叔的建议，两人一起离开周都。后来，王子颓果然发动叛乱，自立为天子，却在权力争夺中很快被灭掉。百里奚又逃过一难。这都得感谢蹇叔看人看事独到的眼光啊。

离开周都以后，百里奚惦记着家人，虽然没能当官，但自己年岁不小了，也该落叶归根了。于是，他和蹇叔一起回到了虞国。虞国大夫宫之奇是蹇叔旧日的朋友，蹇叔向他盛赞百里奚的贤能。这个朋友很仗义，打算推荐两人在虞国做官，引荐他们见到了虞公。

面对这次机遇，蹇叔再次摇头。他说：我看虞国国君爱贪小便宜，气量很小，不会有大的作为，你一定要慎重。百里奚听了这话，说："小弟我久困江湖，如鱼久困陆地，现在急需一勺水润润身子啊。"他当然知道，虞国国君不是真正看到了他的才华，不可能重用他。但在外流浪这么多年，贫困潦倒，终于回到故乡，他不愿意再四处奔波了。就这样，这一次，百里奚没有听从蹇叔的建议，留下来做了虞国的大夫，蹇叔独自离开回了宋国。

误仕虞国，沦为阶下囚

奔波多年，百里奚终于做官了，虽然是在小小的虞国，虽然依旧没有得到赏识和重用。他想念自己的妻儿，特意打扮齐整回家探亲。可是，到了家门口才发现，原来的土房子已经坍塌了大半，到处荒凉一片。邻居说，几年前闹灾荒，他的妻子和儿子都外出要饭去了，再也没有回来。

百里奚：安知五羊皮，换得千金身

百里奚很伤感，觉得命运捉弄了自己：空有一身才干，却只能在虞国不咸不淡地混日子，孤独终老。没过几年，位于虞国北方的晋国，要出兵讨伐虞国南面的小国虢国。晋献公以厚礼作诱饵，两次向虞国借路，这就是"借虞伐虢"。虞国国君果然贪图贿赂，看着晋国送来的无数珍宝和骏马，高兴得合不拢嘴，满口答应。大夫宫之奇却很清醒，他劝阻说："虢国是虞国的外围，虢国灭亡了，虞国必定会跟着灭亡。晋国的野心不能开启，对待外来的军队不可轻视。"宫之奇这里所讲的，正是"唇亡齿寒"的道理。没有了嘴唇，牙齿也会受到损伤。作为大国边上的两个小国，如果互相依托，还可以支持一阵子；如果一个被灭掉，另一个又能支持多久呢？但是，目光短浅的虞国国君根本听不进去这些逆耳忠言。宫之奇不愿自取灭亡，只能带着一家老小逃离虞国。百里奚和宫之奇意见一致，但他知道劝谏没用，于是选择了沉默。他认为自己既然拿了俸禄，就要对国君忠诚，执意不肯离开。

果然，晋军在灭掉虢国之后，回师的路上顺道灭掉了虞国。百里奚和虞国国君一道成为晋国的阶下囚。晋国把虞国这些大臣们都贬为奴隶，发配到公子、公

百里奚沦为晋国的阶下囚

主府上做仆人。这一次,没听蹇叔的劝告,百里奚成了亡国之臣,甚至沦为奴隶,跌入了人生的最低谷。

百里奚被分配到公主府上做奴隶。这位公主,是晋献公正室夫人齐姜的女儿、太子申生的同母姐姐。过了不久,秦穆公来晋国求亲,她就嫁给秦穆公做了夫人,因此又被称为"穆姬"。

百里奚作为公主的陪嫁,也跟着送亲的队伍一路从晋国赶往秦国。从士大夫跌至奴隶的百里奚,不甘

百里奚：安知五羊皮，换得千金身

心坐以待毙。于是，在送亲途中，百里奚瞅准时机脱离大部队，头也不回地往南跑，一口气儿跑到了楚国的边境。

很不幸，在楚国边境，百里奚又被抓到了，再次成为奴隶，在楚国养牛牧马。

羊皮换相，在秦而秦霸

百里奚未按预定到秦国，被一个人注意到了。这个人就是穆姬的丈夫、秦国的国君——秦穆公。秦穆公在清点晋献公送来的陪嫁时，发现奴隶中少了百里奚这个人，便追问原因。护送人员禀告秦穆公说："百里奚是虞国的大夫，在路上逃跑了。"秦穆公一直有个强国梦，但秦国地处西陲，民风彪悍，中原诸侯国搞大国政治一向不怎么愿意带着秦国玩儿。为了强国，秦穆公可谓求贤若渴，便询问百里奚的情况。有人告诉他："这个人很有学问，也很有能力，是个贤才，只可惜没有遇到好机会。"秦穆公立刻派人打听百里奚的下落。

得知百里奚在楚国的消息，秦穆公打算以重金将

讲给孩子的历史人物故事·春秋人物

他换回。但转念一想,这样大张旗鼓,岂不是让楚国知道了百里奚的价值?这样一来,楚国就更不肯放人了。于是,秦穆公派人对楚王说:我夫人有一个陪嫁的奴隶叫百里奚,逃亡到了贵国,能不能把他还给我们,好将他绳之以法?

最终,秦穆公按照当时奴隶的价格——五张黑公羊的羊皮——把百里奚赎了回来。就这样,百里奚一路辗转来到秦国。当秦穆公终于见到自己费尽心机得来的百里奚时,失望透顶:面前的百里奚,已经是七十来岁的迟暮老人了。他有什么通天之功,能帮助秦国强大起来啊?秦穆公心里画满了问号。

秦穆公开口就问:"您多大年岁了?"

百里奚说:"才七十岁而已。"

秦穆公说:"哎呀,太可惜了,您年岁太老了呀。"

百里奚说:"那得看您用我干什么了。您要是用我打猎的话,的确是老了,要是用我谋划国事的话,还太年轻。我比姜太公辅佐文王时还年轻十岁呢。"

看百里奚自比姜太公,秦穆公打消了疑虑,拜百里奚为上卿,将国事托付于他。秦穆公十分高兴地说:我得到您,就像齐国得到"仲父"一样。百里奚

百里奚：安知五羊皮，换得千金身

秦穆公拜百里奚、蹇叔为左右相，同掌朝政

终于有了施展才干的舞台，他使出浑身解数，为秦穆公规划了一条由弱变强的强国之路，使秦国成为春秋五霸之一，为秦国最终统一中国奠定了牢固基础。

相堂认妻，推贤才共事秦

百里奚看秦穆公非常诚心，对他说："秦国想要强大，需要更多的人才。有一个人，比在下更贤能。这

讲给孩子的历史人物故事·春秋人物

个人,就是蹇叔。当年,我想要跟从齐国公子无知和周王子颓,都被蹇叔阻拦,才两次幸免于难。最后一次,我不听从蹇叔的建议,执意留在虞国,结果沦为奴隶,历尽艰辛。可见,蹇叔比我高明得多啊。"

秦穆公当即准备了很重的礼物,派人去请蹇叔。蹇叔一直过着隐居田园的生活,并不打算出来做官。秦穆公派人多次相邀,蹇叔才答应出山,携自己的两个儿子来到秦国。百里奚和蹇叔,一为左相,一为右相,共同辅佐秦穆公,秦国日渐强大,很快找到打败晋国的良机。

命运多舛的百里奚,终于有了用武之地,也有了堂皇的相府,一时间门庭若市。有一天,相府里大宴宾客的时候,百里奚忽然听到堂下有人唱了一首奇怪的歌,歌词是这样的:

　　百里奚,五羊皮,临别时,折门闩,炖母鸡。今日富贵忘我为?
　　百里奚,百里奚,母已死,坟盖瓦,葬南溪。今日富贵忘我为?
　　……

歌声委婉悲戚，似在哭诉衷肠。谁在唱歌？下人回禀说，是相府中洗衣服的老妈子。百里奚当即让人把这个老妈子请过来，仔细打量，虽然满脸皱纹，但依稀还是能够认出，这就是他的结发妻子杜氏。

原来，百里奚离家之后，多年音信全无，一家人没了指望，又遇灾荒之年，实在过不下去，杜氏便带了儿子逃荒来到秦国。后来听说百里奚做了秦国的相国，杜氏就来到相府做事，等待机会与夫君相认。七十多岁的百里奚，离家几十年后，终于跟妻儿重逢，也顾不得满堂宾客，当即抱头痛哭。秦穆公派人送来许多财宝，以示祝贺。他们的儿子孟明视，长得虎虎生威，又熟读兵书，当即被封为秦国的大夫，和蹇叔的两个儿子——西乞术、白乙丙——一起负责军事。这三个人后来成为秦国赫赫有名的大将。

秦国人知道这件事情以后，很为百里奚的德行所感动。百里奚高位不忘旧情、相堂认妻的故事成为一段佳话，被后人津津乐道，传颂千年，成为很多经典剧目的核心故事。

百里奚相堂认妻

韩原首功,秦晋第一战

在百里奚和蹇叔的出谋划策下,秦穆公踌躇满志。不久,强大的晋国就发生了骊姬之乱,国君如走马灯般轮换:晋献公死后,新君奚齐和悼子先后迅速被杀,其余公子及其势力则在等候时机。秦穆公看到了借机干预晋国内政的好机会。当外逃在梁的公子夷吾寻求秦国的帮助,许诺割给秦国河西之地作为回报时,秦

百里奚：安知五羊皮，换得千金身

穆公派兵护送夷吾回国继位国君，成为晋惠公。

但是，当上国君之后的夷吾出尔反尔，背约不肯割地。秦穆公十分生气，秦晋开始交恶。

过了几年，晋国大旱，粮食短缺，百姓遭难。晋惠公派人来秦国借粮。秦国有人提出，不应借粮食给晋国，应乘着晋国有灾率军打过去，以报夷吾忘恩负义之仇。但百里奚却说："夷吾得罪了秦国，他的百姓又有何罪呢？"秦穆公最终采纳了百里奚的建议，下令借给晋国粮食，帮助晋国渡过难关。这次义举赢得了晋国的人心，后世称为"泛舟之役"。

过了几年，秦国发生饥荒，派人向晋国借粮。哪知晋惠公夷吾却听从谋臣的建议，不仅不借给秦国粮食，还兴兵伐秦。

秦穆公大怒，亲自率军应战，与晋惠公大战于韩原。

一开战，晋惠公就杀红了眼，也不管大部队跟没跟上，直接冲入了秦军之中。待要往回撤时，马匹陷入泥泞，无法脱身。秦穆公发现了机会，纵马追赶，不料晋军大部队也赶了上来。晋惠公乘机攻击秦穆公，秦穆公受伤，即将被生擒。

在这千钧一发之际，秦军冒死突击上来一支三百人左右的敢死队，左冲右突，奋力救走了秦穆公，顺带活捉了晋惠公。

这三百来人本是岐山脚下的农民。当年，秦穆公心爱的一匹马走失后，被这些农民逮到，给杀来吃了。官府查出后，把这些人一并抓了，请示如何处置。秦穆公知道情况后说："君子不能因为牲畜而伤害人的性命，况且还是三百多人。我听说吃骏马肉不喝酒会损伤身体，赐给他们好酒，免了他们的罪吧。"这三百来人从此对秦穆公感恩戴德，争着以死相报。听说秦国要与晋国作战，他们纷纷要求跟随。没想到，正是多亏了这三百来人，秦穆公才得以脱离险境，并意外俘获了晋惠公。

这场战役，一波三折，令人惊心动魄。晋惠公之以怨报德，三百来农民之誓死报恩，真是没有对比就没有伤害啊。

三置晋君，重修秦晋之好

韩原之战得胜回朝，秦穆公打算杀掉晋惠公以祭祀上天。周天子听说以后，鉴于周晋同姓，出面为晋君夷吾求情。夷吾的姐姐、穆公的夫人穆姬，则穿着

百里奚：安知五羊皮，换得千金身

丧服光着脚，前来哭泣求情。夷吾反倒成了烫手的山芋，杀也不是，不杀也不是。秦穆公感叹地说："我活捉夷吾，以为是天大的功劳，结果天子为他求情，夫人为他担忧。"为了给秦国发展争取好的外部环境，百里奚也主张不杀晋惠公，保持秦晋友好关系。

于是，秦穆公放夷吾归国，秦晋两国重新结盟。晋国答应献出河西之地，并把太子圉送到秦国当人质。圉成年后，秦穆公还将自己的女儿嫁给他，以稳固双方的关系。

八年之后，晋惠公夷吾病重。圉生怕别的公子捷足先登，竟不辞而别，匆匆逃回晋国。和他的父亲一样，继位成为晋怀公的圉也是一只白眼狼，他不再与秦来往，更不迎回自己的妻子。他的做法再次深深伤害了秦穆公的感情。

在百里奚的辅助下，秦穆公决定扶持在外流浪多年的重耳对抗圉。他派人从楚国迎回重耳，挑选自己的女儿和宗室之女共五人嫁给重耳。晋国国内时机一成熟，秦国即派兵送重耳回晋国争位。

百里奚看得长远：秦国太偏西，无论国力还是威望，都远不及齐、晋、楚等中原诸国。当时中原诸国有什么事，也不愿意带秦国一起玩儿。晋国是秦国和中原诸国之间的纽带，秦晋两国如能维持良好的关系，逐渐强大的秦国自会慢慢在中原找到存在感。

就这样，从夷吾到圉，再到重耳，在百里奚为相期间，秦穆公"三置晋君"。夷吾父子的背信弃义曾令秦穆公有苦说不出，但重耳德才兼备，当上国君后，一直与秦国交好，两国关系进入蜜月期。

之后，秦晋两国一直步调一致、协同作战。晋国出兵侵曹伐卫，秦国与之一同出兵。晋楚大战于城濮时，秦国亦出兵协助作战。

但是，就在秦晋联军围攻郑国的时候，一个小人物的一番话，却使秦穆公放弃了与晋国亲密无间的合作，撤兵而去。这个以一己之力消除一场战争危机的人叫烛之武。

面对秦晋两国大兵压境，郑国危在旦夕，便派烛之武乘着夜色，吊着绳子出城墙，去游说秦穆公。

烛之武对秦穆公说："秦晋两国围困郑国，郑国自知必亡无疑。如果郑国亡了，对秦国有利，那没什么可说的。只是，郑国在晋国的东边，与秦国并不接壤。越过他国而把远地（郑国）当作秦的边邑，困难当然

百里奚：安知五羊皮，换得千金身

很大。所以，郑亡国，只会对你的邻居晋国有好处。你邻居得到的好处越多，你得到的好处就越少。不如放弃郑国，让郑国成为秦国在东方的盟友，为秦国的商人和外交使节提供给养，有百利而无一害啊。

"当年，您帮助夷吾归晋，他早晨渡过黄河晚上就修筑防御工事，答应您的土地一分都不给。如此背信弃义，您也是知道的。晋国，哪里有满足的时候呢？今天，它向东吞并了郑国，明天就会向西侵占秦国。您慢慢考虑吧。"

这一番话语，真是触动了秦穆公。最终，秦穆公弃用百里奚的策略，放弃晋国，与郑国结盟，留下杞子等人帮忙戍守郑国，单方面撤了兵。秦晋同盟出现裂痕。晋国当然很生气，但晋文公说什么也不肯与秦国翻脸。于是，晋国也只能撤兵而回，小国郑国得以保全。烛之武凭借三寸不烂之舌退秦师，解救郑国的故事也为后人大书而特书。

举兵东进，二老一语成谶

东进中原，是秦穆公一辈子的梦想。想到自己东奔西走,不过是为晋国做了嫁衣,不免心有不甘。尤其是自己的女婿晋文公称霸之后,秦穆公的心情越发复杂。

几年后,晋文公重耳病逝。恰在这个时候,郑文公也去世了。秦国获得一个好消息,当年秦国留在郑国的杞子,现在奉命看守郑国北门。杞子表示,他可以为秦军打开北门,里应外合灭掉郑国。这可是秦国东进的大好机会。

秦穆公询问百里奚和蹇叔的意见,没想到,二人不约而同都不同意远征郑国。为什么?两位老臣一致认为:秦国离郑国太远了,千里奔袭,变数太多。军队的一举一动,郑国必定知道,且做好了准备。如何奇袭呢?

但是,秦穆公急于称霸中原,这么好的机会,实在不愿意错过。这次,他没有听从百里奚和蹇叔的劝阻,下定决心要派兵灭郑。

秦穆公召来百里奚的儿子孟明视、蹇叔的两个儿子西乞术和白乙丙,派他们带兵出征。

大军出征这天,旌旗招展,口号震天,士气昂扬,场面极其壮观。百里奚和蹇叔两位老臣前来送行,却痛哭不已!蹇叔大哭着说:"孟明啊,我看见你的军队

百里奚：安知五羊皮，换得千金身

出发，看不见你的大军回来啊！"

秦穆公听说之后，怒不可遏："我今天发兵出征，你们跑到这里哭哭啼啼扰乱军心，成何体统！"

百里奚和蹇叔说："我们绝不敢扰乱军心，只是此次出征，我们的孩子也将随军前往，而我们已经年老，恐怕等不到他们回来时相见了，所以才哭。"两位老人退下后对自己的儿子说："如果你们的军队被打败，必定是在崤山这个地方。"

名篇摘选

遂发兵，使百里奚子孟明视、蹇叔子西乞术及白乙丙将[1]兵。行日，百里奚、蹇叔二人哭之。穆公闻，怒曰："孤[2]发兵而子沮[3]哭吾军，何也？"二老曰："臣非敢沮君军。军行，臣子与往；臣老，迟还恐不相见，故哭耳。"二老退，谓其子曰："汝军即败，必于殽[4]厄[5]矣。"

——《史记·秦本纪》

【注释】

1. 将（jiàng）：领兵。2. 孤：古代王侯的自称。3. 沮（jǔ）：阻止。4. 殽（xiáo）：同"崤"，崤山。5. 厄（è）：险要之地。

就这样，两位老人一哭二闹，还是未能阻止秦穆公。秦兵在两位老人的痛哭声中，浩浩荡荡向东进发了，一路来到距离郑国不远的滑国，碰到郑国一个叫弦高的商人。此人正要到周地去卖牛，得知这支秦军是要去攻打郑国的，便横下心来，要为郑国赌一条出路。

他将十二头牛献给秦军，恭敬地对三位主帅说："郑国的国君派我带牛来犒劳众位远道而来的将士们。"

秦军三将心里咯噔一下，听弦高的话外音，现在郑国已经知道秦国要去偷袭的消息。"大凡袭击别人的，都认为别人不知道，现在郑国已经知道了，防备一定很充分，进兵一定不会取胜。"于是，他们打消了袭击郑国的计划。可是，秦国出动大军千里奔袭，总要有成果向国君交差啊。于是，这支秦军顺道灭掉了

百里奚：安知五羊皮，换得千金身

小国滑国，然后引兵回国。

这个时候，晋文公重耳还没有发丧呢。继任的晋襄公非常生气："秦国居然趁着我晋国服丧之际，灭我同姓之国滑国。太可恶了！"于是，晋襄公下令，将白色丧服染黑，派军队在崤关埋伏，截断秦军归路。

当秦兵进入崤关的山谷时，山上突然滚落下无数大石头，射下无数的箭矢。秦兵猝不及防，毫无招架之力，三位勇猛的将领全部被俘，全军覆灭。晋军突袭成功，胜利归来。将士们穿着黑色的丧服，为晋文公发丧。从此，晋国留下了尊崇黑色的传统。

百里奚和蹇叔二位老人一语成谶（chèn）：这支军队果真没能回来！大军之骸骨，果真留在了崤关！

穆公复仇，筑坟发丧做秦誓

三位败将成为晋国的阶下囚，眼见着就要被处死。这个时候，一个女人走到历史的前台，挽救了这三位将领的性命。这个女人就是秦穆公的女儿、晋文公的夫人、晋襄公的嫡母怀嬴。

怀嬴对晋襄公说："穆公对这三位败将肯定恨之入

骨，希望放这三人回去，让秦君能痛痛快快地煮了他们！不要因为这几个人，弄得秦晋两国伤了和气。"当时各国法律都有规定，败军之将，斩无赦，所以这个请求看起来合情合理，晋襄公就答应了。

然而，三位败将回到秦国的时候，秦穆公亲自穿丧服到郊外迎接。秦穆公哭着说："我没有听百里奚、蹇叔的话，让三位受辱，过错全在我，三位有何罪过呢？你们要全力洗雪这个耻辱，不要松懈。"他没有杀掉这三位将领，仍让他们掌管军权，更加厚待他们。

此后，孟明视等更加忠于穆公，发愤图强，励精图治，扩军备战，希望一雪前耻。两年后，孟明视要求秦穆公发兵攻打晋国，以报崤山之仇。秦穆公答应了，仍派孟明视、西乞术、白乙丙三位率领四百辆兵车前往。由于晋国做了充分准备，两国军队在彭衙这个地方交锋，秦军又打了败仗，史称"彭衙之战"。

晋人讽刺孟明视说：将军当年扬言"三年将拜君赐"，这还没到三年呢，怎么就来送了这么一个大礼？这就是"拜赐之师"的典故。

百里奚：安知五羊皮，换得千金身

成语释义

拜赐之师：用以讽刺为复仇而又失败的出兵。

再次吃了败仗，孟明视锐气顿挫，颜面尽失。敌国的嘲讽、朝臣的非议、国人的愤懑，都令他抬不起头来。他自己上了囚车，不希望秦穆公再免他的罪。秦穆公却没有治他的罪，依旧像从前一样信任。

又过了一年，秦穆公率孟明视等亲自征伐晋国。渡过黄河的时候，秦穆公下令烧毁所有渡船，自断后路。凭着哀兵必胜的勇气，秦军大败晋军，终于报仇雪恨。

秦穆公来到当年的崤关战场，筑坟发丧，大哭三日，发表了有名的《秦誓》，深深自责：秦国军士们，请不要喧哗，作为国君要听得进老人的劝谏……崤关之败，责任全在我一人……大秦阵亡的将士啊，你们的鲜血洗亮了寡人的双目,安息吧!……只要我秦国能任贤用能,提防奸佞之辈,那秦国就一定强国有望,霸业可成!随后,秦军埋葬几年前战死将士的遗骨,祭祀阵亡士兵的亡灵,返回秦国。

这一次胜利,秦国得之不易。这一次胜利,也让秦国威望大增。望着累累白骨,在自责和反省中,秦穆公再次依百里奚之言:立国于西戎,来日必平乱世而靖天下。

回国之后,仅用一年的时间,秦国着力兼并西边十余个戎狄小国,开拓了疆土,扩充了人口,在函谷关以西一带称霸,史称"称霸西戎"。周襄王派大臣召公赏给秦穆公十二只铜鼓,承认他为西方霸主。

秦国能从一个边陲小国发展到霸主级的大国,百里奚、蹇叔等人的共同辅佐功不可没。百里奚相秦七年,平易近人,生活俭朴,谋无不当,举必有功。百里奚过世后,秦国百姓都为他流涕,孩童不唱歌谣,舂米的人也因为伤悲而停止了劳作。他在秦国老百姓心目中的地位由此可见。

百里奚：安知五羊皮，换得千金身

课后设计

【排序】

　　下列故事均与百里奚的经历有关，发生的先后顺序是＿＿＿＿＿＿＿

　①听琴认妻

　②三置晋君

　③宫之奇谏假道

　④烛之武退秦师

　⑤弦高犒师

　⑥羊皮换相

　⑦蹇叔哭师

　⑧崤之战

　⑨韩原之战

【灯谜】

　　蹇叔哭师。猜两种中药名：＿＿＿＿　＿＿＿＿

赵武：赵氏孤儿存，忠义两相全

人物小档案

姓名：赵武，人称"赵孟""赵文子""赵氏孤儿"

生卒年：约前598年～前595年—前541年

国别：晋国

职位：晋国正卿

家族：赵衰—赵盾—赵朔—赵武，重耳的外曾孙

人生历程：身负血海深仇的孤儿—晋国的正卿—赵氏的宗主

故事出处：《史记·赵世家》

赵武：赵氏孤儿存，忠义两相全

赵氏是晋国一个很有实力的家族。赵衰一直跟随重耳流浪各国，重耳回国做国君后，他成为辅佐晋文公称霸的股肱大臣。赵衰之后，赵盾更是受到晋国重用，几乎执掌一国之政。晋景公时期，赵氏家族却被小人陷害，惨遭灭门。遗腹子赵武出生后，成为该家族留下的唯一血脉，在赵家的两个门客——程婴和公孙杵臼的护佑下，躲过血淋淋的屠杀，最终报仇雪恨，重振家业。赵氏孤儿的故事在中国经久不衰，从《左传》到《史记·赵世家》均有记载，而元代杂剧《赵氏孤儿》更是享誉海外，程婴和公孙杵臼也被认为是忠义之士的典范。

赵盾背秦立灵公

晋国骊姬之乱后，赵衰跟随公子重耳从晋国逃亡到狄，一住就是十二载。在狄国，赵衰娶了一位狄国姑娘，生了儿子赵盾。

在这之前，赵衰在晋国也已经娶妻，生有三个儿子，为赵同、赵括、赵婴齐。重耳当上国君的时候，赵衰回到晋国，一时位高权重。留在晋国的妻子非常贤惠通达，执意让出正妻之位，让赵衰将狄国的妻子迎回家来，让出生在狄国的赵盾成为赵衰的嫡子，自己的儿子成为庶子。母亲这样深明大义，所教导的三个儿子也是个个拔尖、个个优秀。所以，从晋文公时代，赵氏家族的实力很快扩大起来。

赵衰在晋国政坛历经晋文公、晋襄公两代，都受到重用。晋襄公即位第六年，赵衰过世。年仅三十余岁的赵盾走上历史舞台。得益于父亲的影响力和政治资源，赵盾从政的起点极高，似乎一开始就是接替父亲的位置，执掌晋国大权。

几年后，年轻的晋襄公病逝。去世前，晋襄公嘱咐赵盾："我死之后，扶立太子夷皋为君。"

当时，太子夷皋只是个五六岁的孩子。年幼的国君上位，在内容易被大臣欺负，在外容易被诸侯轻视。晋国在这个问题上栽的跟头还少吗？当初晋献公死后立奚齐、立悼公，主少势弱，晋国没少经历天灾人祸。因此，关于国君的人选问题，朝堂之上起了激烈的争论。

赵盾想立晋襄公的弟弟雍为国君。雍当时在秦国，赵盾就派人去秦国请雍回国。

赵武：赵氏孤儿存，忠义两相全

哪知就在这当口，事情又发生了变化。一个女人用眼泪为太子哭回了君位。

这个女人，就是太子夷皋的母亲穆嬴。穆嬴敏锐地嗅出了危机：如果别人当上国君，她的儿子夷皋还有活路吗？穆嬴当即决定，拼尽一切，用一哭二闹三威胁的手段，为自己和儿子博得一线生机。

于是，穆嬴抱着她的儿子夷皋，在晋国的朝堂上大声哭泣。她一边哭一边喊："刚刚去世的国君有什么罪过啊？他的儿子有什么罪过啊？你们不立太子，反而到别的国家去找国君，你们安的什么心啊？"

就这样，在朝堂之上，穆嬴白天哭晚上哭，哭得群臣束手无策，哭得朝堂一片悲凉。之后，穆嬴又抱着太子跑到赵盾府上，继续号啕大哭，数落赵盾："先君将太子托付于你，曾说过：此子成才，我感谢你；如果不成才，我怨恨你。先君的话犹在耳边，你就迫不及待地背弃先君吗？"

穆嬴这么大哭大闹，赵盾和诸位大臣还真是没有什么办法。关键是，穆嬴说的在理啊：先君临终留遗言要立太子为国君，如今不立太子，反要去立别人，这往大了说，可是谋反之举啊。谁背得起这样的罪名啊？

于是，赵盾决定，还是立太子夷皋为新任国君，他就是晋灵公。那已经在路上的公子雍怎么办呢？赵盾亲自率兵前去打败护送公子雍回国的秦国军队，然后与依附于晋国的一众小国，如曹国、卫国、郑国、宋国等结盟，让它们承认晋灵公的合法地位。

鉏麑触槐留信义

那么，这位年幼继位的晋灵公，是否承担起了作为大国国君的重任呢？

当然没有。他完全辜负了自己母亲的一番苦心，也讨厌赵盾这帮公卿对他的管教，长大以后，成为一个彻头彻尾的大昏君、大暴君。

他有多不着调呢？

首先，生活很奢侈。他对百姓征收沉重的赋税，只为了装饰宫殿的墙壁。墙壁粉刷一新，然后手工彩绘，每一个细节之处都尽显奢华与精致，而老百姓却忍饥挨饿。

其次，贪玩无度。晋灵公到处找好玩儿的事，普通的游戏已经不能满足他了。他最喜欢做的，就是在

赵武:赵氏孤儿存,忠义两相全

桃园的一座高台上用弹弓打鸟。后来,晋灵公嫌打鸟不够过瘾,就改为用弹弓打人玩儿。看着高台之下的人们四处躲避、十分害怕的样子,晋灵公哈哈大笑,觉得很有趣。

再次,残暴成性。有一天,晋灵公突发奇想,要吃炖熊掌,可是厨师却没有把熊掌炖烂,晋灵公一怒之下就把厨师杀了。他满不在乎地把尸体扔到一个大筐里,让两个宫女抬出宫去。当宫女们抬着大筐从正殿前经过时,筐里露出的手臂被赵盾这些朝臣看到了。惊讶的大臣们自然要仔细询问,这才知道晋灵公如此胡作非为、草菅人命。

赵盾这些人自然是反复进谏、规劝晋灵公。晋灵公对这帮老臣又厌烦又畏惧,表面上答应知错就改,实际上依旧我行我素。晋灵公身边有一个叫屠岸贾的家伙,特别擅长察言观色,很得宠爱。他知道晋灵公不愿处理国家大事,便投其所好,天天变着法儿让晋灵公玩儿,当然也天天编排赵盾这些公卿的坏话。晋灵公本就很厌恶赵盾,便决定除掉赵盾,搬开这块碍事的绊脚石。

于是,晋灵公派了一名刺客潜入赵府去刺杀赵盾。这个刺客是晋国著名的大力士,名叫鉏麑(Chú Ní)。

鉏麑触槐

鉏麑奉君命后,半夜三更摸进赵府,打算在四更鸡鸣的时候动手。哪承想,刚到四更,赵府的内门就开了,只见赵盾已经穿好官服,准备好去上朝了。时间尚早,赵盾正坐在那里闭目休息。鉏麑感叹道:这才是立身正直、一心为公的忠臣啊。杀掉忠臣,是对国家的不忠;不杀赵盾,又会失信于国君。落个不忠或失信的名声,都令我生不如死。

忠臣不能杀,君命不能违。为了不违背自己的信仰,鉏麑一头撞到槐树上,自杀而亡。

桑下饿人图报恩

一计不成,晋灵公怎肯善罢甘休。这天,晋灵公请赵盾吃饭,在宫里预先埋伏了士兵,准备趁赵盾酒醉之时杀死他。赵盾当然不知情,但有一个人知道了。这个人是宫里的一个厨子,叫亓(Qí)眯明。

多年以前,赵盾外出打猎,路遇桑树下卧着一个人,完全是饿得快要不行了。那个人就是亓眯明。赵盾见他可怜,给了他一些吃的。但是这个即将饿死的人,只吃了一半食物,把另一半收了起来。

赵盾奇怪地问:"为什么不全吃了?"

亓眯明说:"我外出三年,不知道家中的母亲是否尚在,我要拿回去给母亲吃。"

赵盾说:"你真是一个孝子啊。"于是又给了他一些食物。

这件事情过去了很久,赵盾都不太记得了,但亓眯明仍感激在心。现在,机缘巧合,亓眯明得知晋灵公要在酒宴上杀掉赵盾,便决心救下赵盾,以报当年的一饭之恩。

宴席开始后,晋灵公再三劝赵盾喝酒。示眯明在一旁暗示赵盾要少喝:国君赐酒,饮三杯就可以了。赵盾刚喝完第三杯酒,示眯明已经感觉到四周暗伏的杀气了。他顾不得许多,拉着赵盾的袖子就往外走。晋灵公来不及发出暗号召唤伏兵,赶紧把自己养的一条狼狗放出去攻击赵盾。示眯明挡在赵盾前面,赤手与狼狗搏击。赵盾说:"不用人而使唤狗,即使很凶猛又有什么用呢?"

就在这时候,晋灵公的伏兵也全都出来追赶赵盾。示眯明一边搏杀,一边保护赵盾退出宫门。

脱离险境以后,赵盾拜谢示眯明。示眯明说:"我就是当年的桑下饿人啊,您不记得我,我却要报恩呀。"赵盾再次拜谢,并一再询问其姓名。示眯明却不肯回答,之后就隐居山中,不知所终了。

赵盾虽然捡了一条命,但已经知道国君要置他于死地,只能逃亡。他还没逃到晋国边境,就得到一个消息:他的表弟赵穿,年轻气盛,在桃园直接把晋灵公给杀掉了。这当然是违背伦理的弑君行为。但是晋灵公一向胡作非为、荒淫无道,早已毫无威信。所以,

赵武：赵氏孤儿存，忠义两相全

赵盾舍食桑下饿人（山东嘉祥武氏祠左石室后壁小龛东侧画像第二层，画面右侧有一株树，树下有一细弱瘦小之人正跪在地上，双手伸出接受食物，当为桑下饿人。画面中间有一辆马车，一人头戴高冠，似刚从车上下来，一手拿器皿，一手拿勺，正在递给树下之人食物。）

赵穿弑灵公这件事情，也没有引起很大的波澜。赵盾立即返回国都，继续主持国政，料理灵公后事。

赵盾让赵穿迎立晋襄公的弟弟登基，是为晋成公。晋成公时期，除赵盾外，赵衰的另外三个儿子都位列

獒咬赵盾(山东沂南汉墓画像)

大夫,在朝为官。赵家的权势空前壮大。晋成公六年,辅佐了襄公、灵公、成公的三朝老臣赵盾,走到了生命的尽头。到晋成公的儿子晋景公担任国君时,赵氏家族由赵盾的儿子赵朔继任执掌晋国权柄。

历史小常识

晋献公之后的晋国国君(仅限有谥号的国君)和佐政的赵氏家族

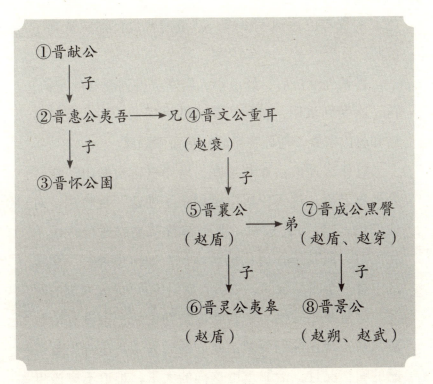

下宫之难一脉存

赵朔曾率兵与楚庄王大战,屡获战功,娶了晋成公的姐姐庄姬。谁知道,喜事过后,祸事接二连三。所谓树大招风,在赵盾长达二十余年的执政岁月里,赵氏家族积淀了深厚家业,让很多人眼热不已;

赵家的权势也达到了顶峰，甚至连晋景公都感觉到了威胁。

晋景公继位后，奸臣小人屠岸贾得到新君的宠信，再一次受到重用，被封为朝廷的大司寇。为了报复赵盾和赵氏家族，他即将掀起一场血雨腥风。

以什么理由治罪赵家呢？屠岸贾再次搬出了晋灵公被弑之事。这天，屠岸贾纠集了朝廷一批将领，对他们说："晋灵公被弑，罪魁祸首就是赵盾！赵氏杀死国君，而其子孙后代仍居高位，如何惩处？"众将之中有一个叫韩厥的，站出来反对说："灵公遇刺的时候，赵盾并不知情。先君晋成公即位后，也没有治赵盾的罪。现在你们要惩治赵盾的后人，是违背先君意愿的啊！况且，治罪重臣这样的大事，难道不应该事先禀报国君吗？你们的眼里还有国君吗？"

这些话屠岸贾根本听不进去，他仗着国君的宠爱依然一意孤行，一定要惩治赵氏家族。韩厥赶紧派人通知赵朔，让他速速离开，以免惹祸上身。但是，赵朔没有逃跑，他托付韩厥说："只保护好我赵家的后代，我死而无憾。"韩厥答应了赵朔的请求。

赵武：赵氏孤儿存，忠义两相全

屠岸贾果真带着士兵包围了赵朔的府邸下宫，举起屠刀，将赵朔、赵同、赵括、赵婴齐几大家族全部杀掉，男女老幼上百口，皆成为刀下冤魂。只有赵朔的夫人，正怀着孕的庄姬，提前跑到宫中躲了起来，逃过此劫。此事被称为"下宫之难"。

没过多久，庄姬生下一个男孩。他是赵氏家族唯一残存的血脉，也是一个一出生就背负着血海深仇的孤儿。

屠岸贾知道孩子出生的消息后，立刻带人来到宫中，要求交出这个刚刚出生的孩子。没处躲没处藏，万般无奈之下，庄姬只好把婴儿藏在身穿的裤子里，谎称孩子已经死了，送出了宫。危急时刻，庄姬默默向上天祷告："如果要赵家绝嗣，你就哭吧，大不了一死。如果要保全赵家的一丝血脉，你就安静地躲过这场灾难吧。"

屠岸贾带人搜到庄姬的住处时，这个婴儿居然没有啼哭。屠岸贾搜遍了角角落落，都没有搜到。

可是，危险远还没有过去。这个孩子不哭不闹瞒过了屠岸贾一时，不可能躲过屠岸贾一世啊。

讲给孩子的历史人物故事·春秋人物

名篇摘选

居无何¹,而朔妇免²身,生男,屠岸贾闻之,索³于宫中。夫人置儿绔⁴中,祝曰:"赵宗灭乎,若号⁵;即不灭,若无声。"及索,儿竟⁶无声。

——《史记·赵世家》

【注释】

1.无何:不久,没多久。2.免:同"娩",分娩。3.索:搜索,寻求。4.绔(kù):同"裤",裤子。5.号(háo):大声喊叫,哭喊。6.竟:竟然。

搜孤救孤千秋名

赵朔有两个门客,一个叫公孙杵臼(chǔ jiù),一个叫程婴。公孙杵臼曾问程婴:"赵氏遭难,你为什么没一起死啊?"程婴说:"主人留有遗腹子,如果生下来是男孩,我要活着抚养他。如果生下来是女孩,那是赵家注定后继无人,我便立刻赴死,绝不迟疑。"

得知庄姬生下个男孩,这两个人决定拼死要为赵家保存后代。

程婴跟公孙杵臼商量:屠岸贾第一次搜宫失败,肯定还会再去搜查的,怎么办呢?

公孙杵臼横下一条心,问程婴:"抚养孤儿和立刻死去,哪一种更难?"

程婴说:"死,很容易;抚养孤儿,难啊。"

公孙杵臼说:"赵氏族人曾厚待你,你就做难一些的事情吧。我来做相对容易的事情。"于是,二人商量了一条对策。

这天,奉命搜寻赵氏孤儿的将士遇到了一个人,此人正是程婴。他痛苦地对众位将士说:"我程婴无能,没法保全赵氏孤儿。你们谁给我一千两黄金,我就告诉你们这个孩子的藏身之地。"众将大喜,赶快交付银两,然后随着程婴来到城外一座山中,果然找到了公孙杵臼带着婴儿藏匿的地方。

公孙杵臼显得十分惊慌和愤怒,他大骂程婴:"你

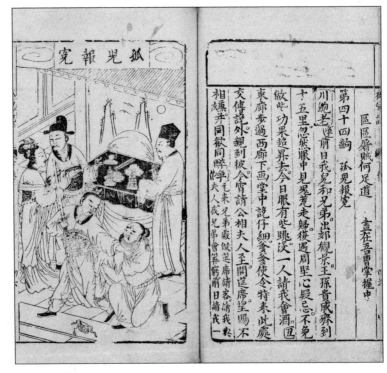

赵武报仇

个小人!赵氏家族遭难时,你不以身殉主,不和我一起谋划藏匿赵氏孤儿,现在却卖主求荣!就算你不抚养这个孩子,又何必忍心出卖他呢?"看着公孙杵臼痛骂程婴的这个架势,谁都毫不怀疑,程婴对赵家真是不忠不义。

公孙杵臼抱着孩子仰天大哭:"天啊!赵家留下的

孤儿能有什么罪过啊！你们让这个无辜的孩子活下来吧，把我公孙杵臼杀死还不行吗？"

当然不行！屠岸贾哪里肯留下祸患，于是公孙杵臼和这个孩子都被杀了。

屠岸贾一派以为斩草除了根，安下心来。但其实这只是程婴和公孙杵臼二人联手演的一出戏。被杀的孩子是别人家的，真正的赵氏孤儿被提前藏匿在了深山里。此事只有韩厥知道内情。

这就是公孙杵臼和程婴所能想到的对策。公孙杵臼说他做那件容易的事情，就是以他的死，让政敌放弃追杀真正的赵氏孤儿。而程婴要做的困难的事情，就是背负"卖主求荣"的骂名，把孩子抚养成人，并且找机会报仇雪恨。

于是，程婴忍辱负重，带着赵家留下的这个孤儿避祸山林，给这个孩子起名叫赵武。

善恶有报终来到

时间一转眼就是十五年。程婴带着赵武昼藏山洞，夜宿古刹，度过了十五个春秋。这一年，晋景公得了重病。经占卜，说是大业在晋国的子孙后代不顺利，因而作怪。大业，是赵氏家族在秦国的祖先。晋景公就占卜的结果询问韩厥。韩厥说："大业在晋国的后代，不就是赵氏家族吗？赵氏世世代代辅佐晋国，立有大功，香火从未断绝。现在国君灭了赵氏家族，上天怜悯，所以才有了这样的占卜结果啊。"景公问："赵氏还有后代吗？"韩厥趁机说出了实情："赵朔留有一个孤儿，叫赵武，一直由程婴在抚养。"

于是，晋景公和韩厥商量，打算重新恢复赵氏家族的地位。可是，此时屠氏家族也权倾一时，如何扛得过屠岸贾呢？

晋景公先召赵武进宫藏起来，等诸位将军进宫问候病情的时候，晋景公依靠韩厥的众多随从迫使他们与赵武相见。诸将惊讶之余，也只好为当年之事辩解，说："当年围攻下宫，诛灭赵氏，是屠岸贾干的，他假借国君的命令指使我们所有人。就算没有国君生病这回事，我们原本也是想请求册立赵氏后人的，现在国君亲自下令，这正好满足了我们的愿望啊。"赵武与程婴赶紧拜谢。随后，诸位将军与赵武、程婴一道，率兵攻打屠岸贾，灭了屠氏家族。晋景公又把赵氏的封

赵武：赵氏孤儿存，忠义两相全

地赐给了赵武。这一年，赵武十五岁。

五年之后，赵武已经成年，程婴来向赵武告别。

程婴说："当年下宫之难时，忠诚之士都死了。我不是不想去死，但是我有扶立赵氏之后的重任。现在，赵氏家族已经得到恢复，你已经长大成人，我完成了我的任务，应该到地下去向主公和好友公孙杵臼报到了。"

赵武听后，泪如雨下。这是他的救命恩人，是他的养父和长辈，更是赵氏家族的功臣。赵武哭着跪地磕头，坚决请求程婴留在人世。他说："我愿意操劳一生来服侍您报答您，您怎么忍心离我而去呢？"

但程婴主意已定，他说："公孙杵臼当年认为我能办得了这件难事，才先我而死，如今我要是不去告诉他一声，他还以为我没办成呢。"

于是，程婴就自杀了。

为了赵氏家族的延续，程婴和公孙杵臼义无反顾地献出了自己宝贵的岁月和生命，他们的高尚之举被后人树为忠义之士的典范。赵武最终也没有辜负期望，逐渐掌权，成为掌握国政的卿大夫，为赵氏的兴起奠定了非常深厚的基础。

这个源于《史记》的赵氏孤儿的故事，一次次被

以元曲《赵氏孤儿》为主题的邮票

搬上舞台,历久弥新。在一千多年之后的元代,它被写入了杂剧《赵氏孤儿》中,成为经典的舞台剧目。18世纪时,这个故事又由世界级大文豪伏尔泰改编为《中国孤儿》搬到了法国的舞台上,从而成为享誉世界的名剧,经久不衰。

课后设计

【延伸阅读】

1. 史书记载不一致。

关于赵氏孤儿的记载，《左传》与《史记·赵世家》有很大的不同。

在《左传》里：

赵朔、赵婴齐没有被杀。

庄姬不是晋成公的姐姐，而是晋景公的姐姐。

庄姬不是受害者，而是施害者。她与赵朔的小叔赵婴齐私通。事发之后，赵婴齐被驱逐到齐国，庄姬则向晋景公告发赵氏家族谋反，景公下令诛灭赵氏九族，此为"下宫之难"。庄姬的儿子赵武则在宫中长大。

因此，记载中也就没有围绕搜孤、藏孤、抚养和复仇而展开的屠岸贾、程婴、公孙杵臼等人的故事。

2.元代著名杂剧《赵氏孤儿》里的情节，又与史书记载不同。

在杂剧《赵氏孤儿》里：

赵武的父亲是赵盾。赵盾忠心为国，却被灭族。

为了加害于赵盾,剧中添加了屠岸贾在宫中训练狼狗的情节。

为了加强戏剧冲突,程婴用自己刚刚出生的儿子冒充赵武而死。

楚庄王：一鸣惊人，问鼎中原

人物小档案

姓名：芈（Mǐ）姓，熊氏，名旅（或侣、吕），人称"楚庄王"，又称"荆庄王"

生卒年：？—前591年

国别：楚国（春秋时期）

职位：国君

辅佐他的人：武举、苏从、养由基、孙叔敖、优孟、申叔时

人生历程：公子—国君—春秋五霸之一

故事出处：《史记·楚世家》

刚刚登基的时候,楚庄王不到二十岁,可以说身处内忧外患。在内部,根基不稳,矛盾重重;在外部,晋国上下齐心,国力大振,实力超过楚国,且得到宋、陈、蔡、郑等诸侯国的依附。但楚庄王绝对是个超能沉住气,有远见、有计划的人。即位之初,他选择了忍耐,沉迷享乐,不理朝政。时机成熟后,他突然端正了态度,励精图治,力推改革,逐渐平定了朝堂内乱和臣服国的叛乱,将大权真正掌握在了手中,开始计划北上争霸。于是,楚庄王饮马黄河、问鼎中原,最终扫除争霸的最大障碍——晋国,威震诸侯。楚国成为春秋舞台上不可忽视的大国、强国。

三年不鸣 一鸣惊人

楚国雄霸长江流域,地盘非常大,实力不容小觑,但一直被中原诸国视为蛮夷。楚国一直融不进中原的圈子,所以就自称楚王,这令以周王为尊的中原诸国怒不可遏,遂群起而攻之。

楚国和中原诸国打了无数次仗。齐桓公称霸,需与地处南方的楚国一战,确保楚国不插手中原事务。

楚庄王：一鸣惊人，问鼎中原

晋文公称霸，也需与楚国交锋，并凭借城濮之战的胜利，成为中原霸主。其时在楚国，与齐桓公对抗的，与晋文公争霸的，都是楚成王。而楚国的霸主之梦，也一再搁浅触礁。

楚成王之后是楚穆王，楚穆王去世后，作为嫡长子的熊旅即位，是为楚庄王，当时还不满二十岁。这个小伙子如何坐稳王位并撑起庞大的楚国呢？大家都在拭目以待。

即位不久，楚庄王便遭遇了严重的内乱，被自己的师傅斗克和公子燮挟持了，后获救返回郢都。面对不安定的政治局势，楚庄王只好忍气吞声，自求多福。

第二年，晋国在楚国的家门口向蔡国发起猛攻，蔡庄侯一面抗拒晋军，一面派人向楚国求救，楚庄王却视而不见。

第三年，楚国发生大饥荒，多地少数民族叛乱，告急文书如雪片般向郢都飞来。楚庄王仍一如既往地躲在深宫，我自吃喝玩乐，管它外面洪水滔天。

结果，即位三年，他一个命令都没有下达，一件政务都没有处理，夜以继日地纵情享乐，什么国家大事，什么争霸中原，什么一雪前耻，都不放在心上。

大失所望的众人不免议论纷纷，忠诚正直的大臣开始不断进谏。楚庄王干脆下了一道命令：敢于进谏者，杀无赦！

想来进谏的人停止了脚步，掉脑袋的事可不能轻举妄动。

可是一个叫伍举的大夫，实在看不下去，居然冒死入宫进谏。他看见楚庄王左手抱着郑国的美女，右手搂着越国的美女，坐在钟鼓乐队中间，享受着曼妙的音乐。

伍举说："我来奉上一个谜语吧。山丘之上有只鸟，三年不飞，三年不叫，大王您说这是什么鸟呢？"

楚庄王回答说："这鸟三年不飞，一飞就要冲上云霄；三年不鸣，一鸣就要让人震惊。你退下吧，我知道了。"

自己言中的讽刺之意，大王岂能听不明白？于是伍举放心地退下了。

但是，接下来的好几个月，楚庄王还是像原来一样不像话，整日纵情玩乐，甚至变本加厉。

一天，大夫苏从也前来求见楚庄王，冒死进谏。楚庄王问："进谏是死罪，你不知道我的命令吗？"苏

楚庄王：一鸣惊人，问鼎中原

从义正词严地说："如果我的死能把您唤醒，我虽死无憾！现在国家内外交困，危在旦夕。我如果不能劝大王走上正路，活着和死了又有什么区别？"

好一个不怕死的忠贞之臣！

从这之后，楚庄王停止了酒色享乐，开始专心政事，一只呆鸟即将"一飞冲天""一鸣惊人"。对内，他平定内乱，诛杀了数百奸臣，提拔了数百贤臣，重用伍举、苏从等人辅政；对外，他带兵出征，灭庸伐宋，不断扩张楚国的势力。

名篇摘选

伍举曰："愿有进隐[1]。"曰："有鸟在于阜[2]，三年不蜚[3]不鸣[4]，是何鸟也？"庄王曰："三年不蜚，蜚将冲天；三年不鸣，鸣将惊人。举退[5]矣，吾知之矣。"

——《史记·楚世家》

【注释】

1. 隐：隐语。2. 阜：土山。3. 蜚（fēi）：古同"飞"。4. 鸣：鸣叫。5. 举退：起身退下。

陈兵洛邑　问鼎中原

经过三年的懒政和蛰伏，楚庄王问政后便带军出征，前去平定臣服国的叛乱。反叛的庸国首当其冲。楚庄王乘着战车到战场指挥，采用诱敌深入和集中优势兵力等战术，灭了庸国。然后，楚庄王继续向北进军，进攻陈国、宋国、郑国。晋国前来支援自己的盟友，竟然连连落败。

楚庄王一路凯歌，很快便打到了黄河边，甚至把军队拉到了周天子的眼皮子底下，在周都洛邑的郊外举行盛大的阅兵式。

周天子吓坏了，赶快派王孙满去慰劳楚军，顺便打探一下楚庄王下一步的意向。

此时的楚庄王，霸气外露、志得意满。他以一种满

楚庄王：一鸣惊人，问鼎中原

武汉东湖磨山景区的楚庄王出征雕像

不在乎的口吻，向王孙满询问起九鼎的大小和轻重来。

　　九鼎是王权的象征，相传为夏禹所铸，使用的青铜来自天下九州所贡，象征着王朝对天下的领导权。拥有九鼎就相当于拥有九州、得到天下。鼎之所在，就是权力中心所在。周武王伐纣灭商，将九鼎从殷商的国都迁走，据说运到洛邑的时候，九鼎就再也拖不动了。于是，周武王命周公在洛阳营建都城，安放九鼎。

　　如今，陈兵洛邑的楚庄王过问九鼎之事，是对周王室的挑衅，更是对称霸中原的自信。

王孙满当然心知肚明，作为天子的使者，他该如何回答呢？

王孙满说："在德不在鼎。"这话的意思是，周王室拥有天下，在于有德行，不在于有九鼎。

楚庄王碰了一个软钉子，很不高兴，开始威胁王孙满："你不要倚仗着有九鼎！用我们士兵在战场上折断的刀尖，就足够铸造九鼎了。"此话当然是暗指楚国兵强马壮、人多势众。

面对咄咄逼人的楚庄王，王孙满毫不畏惧。他不卑不亢地说："哎呀，君王您怎么忘了九鼎的来历了呢？九州献金，夏铸九鼎。夏桀失德失民心，鼎迁于殷。纣王暴虐失道，鼎迁于周。周成王定鼎后问卜，说周朝将传三十世七百年。现在周王室虽然衰落，但天命未改。鼎的轻重，仍是不可以轻易询问的啊。"

楚庄王也只好作罢，率兵回国。后人用"问鼎"指图谋夺取政权。

虽然楚庄王没问着鼎的大小和轻重，但是，他从长江流域的楚国一路北上，问鼎中原、饮马黄河，对中原各国还是形成了不小的震慑和挑战。

后母戊方鼎及其铭文(方鼎)

五祀卫鼎(圆鼎)

名篇摘选

周定王使王孙满劳[1]楚王。楚王问鼎小大轻重,对曰:"在德不在鼎。"庄王曰:"子无阻[2]九鼎!楚国折钩[3]之喙[4],足以为[5]九鼎。"王孙满曰:"……周德虽衰,天命未改。鼎之轻重,未可问也。"楚王乃归。

——《史记·楚世家》

【注释】

1.劳:慰劳,犒劳。2.阻:依靠,依仗。3.钩:衣带上的钩,泛指弯曲的钩子。4.喙(huì):器物的尖端。5.为:制作,制造。

率师回国 三箭平叛

就在楚庄王率师回国的途中,一个坏消息传来,国内发生了叛乱,国都已经被宰相斗樾椒(Dǒu Yuèjiāo)

楚庄王：一鸣惊人，问鼎中原

占领。斗樾椒在楚国有"战神"之称，箭术十分了得。他率军在庄王回师的路上设下埋伏，待到庄王经过，立刻搭弓射箭，一箭正中楚庄王的战鼓。

楚庄王传令：谁能杀了斗樾椒，就直接提拔谁为宰相。

这正是报效国家、建功立业的好机会。军中神射手养由基领命。养由基善射，百步穿杨就是关于他的故事。当初和别人比试射箭，他以一百步开外的蒲柳树叶为靶心，一箭命中，周围响起一片叫好之声。他继续搭弓射箭，箭箭都能射中靶心，无一虚发，人们啧啧称赞，叹为观止。

养由基的名声越来越大。传说他力大无穷，两臂能拉开千斤重的弓，能将整支箭射进石头里，连箭尾的羽毛都看不到。楚王射白猿，白猿不仅不害怕，还跑过来夺箭。换养由基来射的时候，他刚刚张弓搭箭，白猿就已经抱着柱子悲号起来了。

养由基来到阵前，单挑斗樾椒。他喊道："斗樾椒，你不是总夸耀自己箭术了得吗？咱们三箭定胜负吧。"

老奸巨猾的斗樾椒想了想，说："可以，但我要先射。"

武汉东湖落雁景区的养由基青铜雕像

说完,斗樾椒嗖嗖两箭冲着养由基的胸口射了过来。只见养由基伸起左手接住一支箭,抬起右手又接住一支箭。

斗樾椒急了,大喊:"不许用手接箭!"然后又射了一箭过来。养由基呢?只见他一个侧身,用嘴接住了第三支箭。

现在该养由基射箭了,斗樾椒吓得脸色都刷白了。只听弓弦响了一下,斗樾椒不由自主地躲到了一边。

养由基气定神闲地说:"我只是试试弓而已,还没射呢。"话音未落,"嗖"的一箭射出,正中斗樾椒咽喉。一箭封喉，斗樾椒当场身亡。

叛军群龙无首，很快被镇压下去。

从此以后，养由基也得到了一个绰号，叫"养一箭"。

楚庄王要兑现诺言，封他为宰相，养由基拒绝了，反推荐孙叔敖为相。

成语释义

百步穿杨

解释：形容箭法或枪法非常高明。

同义词：百发百中　贯虱穿杨

反义词：无的放矢　漫无目标

庄王葬马　优孟衣冠

话说，楚庄王有一匹心爱的马。他给马穿上锦绣衣服，建造豪华的马厩，铺设精美的褥垫，喂食蜜饯枣干。得到如此精心对待，这匹马最终因为肥胖而死。

楚庄王很伤心，让大臣比照大夫的规格给马办丧事，用棺椁来安葬它。众臣议论纷纷：怎么可以给一匹马办这么隆重的丧事呢？楚庄王不高兴听这些人唠叨，他下令，有敢为葬马的事而劝谏的，一律处死。

有一个宫廷艺人，亦称伶人，名叫优孟，能言善辩，很有表演才能，时常用说笑的方式劝谏楚王。他知道无法正面劝谏，因此来了个夸张的行为艺术。

优孟跑到宫里，对着马的尸体仰天大哭。楚庄王惊讶不已，问他这是干什么。优孟说："这匹马是一般的马吗？这是大王心爱的马啊，我堂堂楚国、泱泱大国，什么没有啊？以大夫之礼安葬它，太薄情了，太委屈这匹马了！我请求以国君的礼仪来安葬它。"

楚庄王听他没有阻止葬马一事，就问："那照你看来，应该怎样安葬呢？"

优孟回答说："以雕刻的美玉为棺材，以雕花的梓木为外椁，派士兵挖掘墓穴，派老弱妇孺背土填埋。出殡的时候，让齐国、赵国的使者走在送葬队伍的前面，让韩国、魏国的使者走在送葬队伍的后面。盖一

楚庄王：一鸣惊人，问鼎中原

座太庙，定时以最高等级的贡品祭祀，封一万户的城邑给它。这样，诸侯各国就都知道，大王您把人看得如何低贱，而把马看得如何贵重了。"

优孟说完，楚庄王也意识到以大夫之礼葬马太荒谬了，便说："好吧，那到底该如何处理它呢？"

优孟顺势说："这事儿好办。请大王用对待牲畜的方式来安葬这匹马吧。用灶台当椁，用铜锅做棺，用姜枣调料做陪葬，用稻米做祭品，用火光做它的衣服，把它好好地安葬在人的肚子里吧！"

于是，楚庄王把马交给厨房，不再张扬此事了。

成语释义

优孟衣冠

解释：比喻假扮古人或模仿他人十分酷似，也
　　　指单纯地模仿和登场演戏。

同义词：东施效颦　邯郸学步

反义词：独辟蹊径　别开生面

有一天,楚国宰相孙叔敖的儿子来找优孟。他说:"父亲为相,一生清廉,没有留下什么家产。他临终前嘱咐我,家贫时可以来找你。"

优孟十分感慨,决定帮助公孙敖的后代。怎么办呢?他又发挥自己的表演特长,穿戴上孙叔敖的衣冠,模仿孙叔敖的言行举止,走到楚庄王面前。楚庄王大吃一惊,以为孙叔敖复活了,立即请他当宰相。优孟装模作样地说:"我得回家与妻子商量一下。"

三日后,优孟回复楚庄王:"我妻子认为楚国的宰相不值得做。像孙叔敖一样,清廉为国,助您称霸。如今死了,儿子却无立锥之地。穷苦如此,还不如自杀呢。"

楚庄王听了很受感动,觉得自己对故臣照顾不周,于是召见孙叔敖的儿子,赐以土地与奴仆,使之富贵无忧。

总体而言,楚庄王是一个能够听从规劝的君王。也正因为如此,他的身边才能聚集起一批贤能的人才。这就是称霸的资本。

楚庄王：一鸣惊人，问鼎中原

纳谏复陈　郑国臣服

陈国发生了内乱，陈国的国君被司马夏徵舒杀了。陈国的几个大臣逃到楚国，请楚庄王替陈国平定内乱。

事情的缘起是这样的。陈国的国君荒淫无道，和当时的两位大夫都与陈国美艳的寡妇夏姬有不正当关系，而且君臣之间毫不避讳。这天，国君与两位大夫在夏姬的家里饮酒，夏姬的儿子夏徵舒也在场。酒酣耳热之际，彼此间互相开玩笑。国君对两位大夫说："夏徵舒长得很像你们啊。"二位大夫嘻嘻哈哈地说："我看也像国君您啊。"这种公然的羞辱，让在场的夏徵舒热血上涌、怒发冲冠。于是，酒宴结束后，夏徵舒藏在马棚门后用箭射杀了国君。之后，夏徵舒自立为国君。

楚庄王听闻此事，当即决定率诸侯伐陈。进入陈国后，他对陈国人说："你们不要害怕，我们只是来诛讨弑君的夏徵舒的。"可是，杀掉夏徵舒之后，楚庄王直接吞并了陈国，将其变成楚国的一个县。

楚国的领土得到了扩展，属国的君主、许多部落的首领、国内的大臣都来祝贺楚庄王。只有一人转着弯唱反调，他叫申叔时，刚出使齐国回来。申叔时说："我听说有人的牛踩踏了别人的田地，田主就直接把牛牵走了。踩踏别人的田地固然不对，但牵走人家的牛难道不是更大的过错吗？夏徵舒弑君，罪孽深重，您率兵征讨当然是正义之举，如今却直接吞并陈国，贪图这点土地而失信于诸侯，将来如何号令天下啊？"

"好好好，我把那头牛退还给人家就是了。"楚庄王觉得"蹊田夺牛"之说很有道理，于是让陈国复国。新任国君非常感激楚庄王，仍然归附了楚国。

接着，庄王攻打背离楚国的郑国，三个月就攻克了郑国的国都。郑国的国君郑伯赤裸胸脯牵着一只羊来迎接楚军，以示投降，请求宽恕。这就是"肉袒牵羊"的历史典故。郑伯说："只要大王不灭掉郑国，保我宗庙祭祀，就算给您当牛做马，我也感激不尽啊。"

楚庄王见郑伯如此表态，就答应了郑伯的请求，下令退军三十里。

楚国群臣都不乐意，他们说："我们千里迢迢打过来，十分辛劳。现在已经攻到郑国的国都了，为什么要放弃呢？"

楚庄王说："寡人之所以讨伐郑国，是因为他们

楚庄王：一鸣惊人，问鼎中原

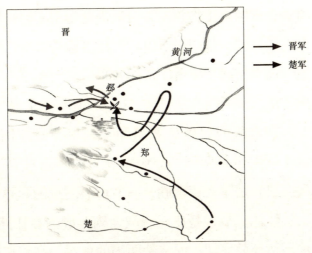

邲之战示意图

不肯臣服。现在既然已经愿意臣服于楚国，还要怎样呢？"

于是楚庄王力排众议，罢兵议和。

邲（Bì）之战 雪前耻

郑国地处中原要道，位于楚国和晋国之间，楚强则服楚，晋强则服晋。因此，楚国攻伐郑国之时，郑国向晋国请求支援，晋国发兵来救郑国。刚到黄河边上，听说郑国已与楚国再次结盟，胜利之师楚军已经离去，晋国诸位将领就渡河追击还是率军回国两个方案产生了分歧。楚庄王听说后，反身迎击晋军，交战于邲地。这是城濮之战后，晋国和楚国两大冤家的第二次重大较量。所不同的是，这一次，郑国跟从的是楚国。

邲之战的起因是晋国和楚国争夺对郑国的控制，这实际上也是两国争夺中原霸主的一场重要决战。此次会战，楚军大获全胜，一雪城濮之战的耻辱。

经此一战，楚庄王一战而霸，成为春秋五霸之一，楚国达至鼎盛期。而晋楚两国的恩怨，则越积越深。

楚庄王之子楚共王在位时期，晋楚两国之间就郑国的争夺展开了第三场大较量，即鄢（Yān）陵之战。楚共王求胜心切，开战前亲自登上楼车查看晋军情况。到作战时，一个晋国将领射中了楚共王的一只眼睛。楚共王召来养由基，赐他两支箭，命他射杀那位晋将，为之报仇雪恨。养由基领命，一箭射死了晋将，然后拿着另一支箭回来复命。这场战役打得十分激烈，楚共王一只眼睛负伤失明，中军元帅子反醉酒误事，楚国元气大伤。

为了牵制楚国，晋国改变了策略，转而扶植同在南方的吴国。吴国的作战水平极其落后，只有水军，

楚庄王：一鸣惊人，问鼎中原

没有陆军！于是，晋人亲自教吴人战车布阵的技巧，直接将吴国的军事水平提升了近百年！

实力大增的吴国，果然多次进攻、骚扰楚国。在一次吴楚之战中，神射手养由基领兵作战，由于轻敌冒进，结果被吴军四面包围，万箭穿心而死。养由基临死前惊恐地说："吴人也精于车战了啊！"

的确，春秋末年，楚国背后的吴国和越国也加入了争霸的行列。

课后设计

【判断对错】

1. 以下是四位同学设计的春秋时期四个故事的题目，其中错误的一个是（　　）

A. 尊王攘夷的齐桓公

B. 退避三舍的晋文公

C. 羊皮换相的秦穆公

D. 纸上谈兵的楚庄王

2. 确立楚庄王霸主地位的重要战争是（　　）

A. 城濮之战

B. 崤之战

C. 邲之战

D. 鄢陵之战

伍子胥：生能酬楚怨，死可报吴恩

人物小档案

姓名：姓伍，名员（yún），字子胥

生卒年：前559年—前484年

国别：楚国、吴国

职位：大夫

特点：能吃苦、特长寿

人生历程：楚国大夫—逃犯—乞丐—吴国大夫

他为吴国所荐贤才：专诸、孙武

他的仇人：楚平王、费无忌、伯嚭

故事出处：《史记·伍子胥列传》

伍子胥之父伍奢，因是太子的师傅而被卷入宫廷的权力争斗，受谗言陷害，和长子伍尚一同被楚平王杀害。伍子胥从楚国逃到宋国，后至吴国，成为吴王阖闾（Hé Lǘ）的重臣，帮助阖闾西破强楚，北败徐国、鲁国、齐国，成为诸侯一霸。《史记·伍子胥列传》称他须臾未曾忘记自己的志向，忍辱负重终成功名，是真正的烈丈夫。范仲淹作有《苏州十咏其八·伍相庙》一诗，刻画出伍子胥刚正不阿、富有政治远见的春秋志士形象。

好色，荒唐平王惹祸

当年，楚庄王息政三年，大夫伍举冒死进谏。此事，成就了庄王的一飞冲天、问鼎中原，也奠定了伍氏家族在楚国的地位。

楚庄王去世后，年仅十岁的儿子继位，即楚共王。国君年少，大权旁落，楚国内部出现了严重的纷争。其后一代不如一代。楚共王之后是楚康王，楚康王之后是楚郏敖，都是子承父业。但之后，楚灵王杀掉了自己的侄子郏敖自立为王，楚平王又发动政变逼死了

伍子胥：生能酬楚怨，死可报吴恩

自己的哥哥楚灵王自立为王。弑君、叛乱、阴谋的阴云弥漫在楚国宫廷之中。

楚平王的太子建有数位老师，太子太傅叫伍奢，是伍举的后代；太子少傅叫费无忌。伍奢正直忠诚，很受太子的信任和爱戴；费无忌油嘴滑舌，不太受太子待见，就常在背地里说太子的坏话。

太子十五岁时，楚平王为之求得一门亲事，迎娶秦国公主为妻，以加强秦楚联盟。费无忌成为迎亲使者，到秦国去迎接太子妃。哪知费无忌到秦国一看，这位公主长得如花似玉。费无忌寻思：将这么美丽的女子嫁给太子，对自己而言没有任何好处，但是如果将她献给好色的楚平王，自己就有机会立功受赏了。

于是，在秦国公主还没有到达楚国的时候，费无忌提前回来，说服楚平王把这位本来要给自己当儿媳妇的公主纳入后宫，然后给太子另娶。太子建的母亲来自小国蔡国，本就不受宠爱，太子性格也柔弱，只能忍气吞声。平王随后更打发太子建去戍守边城。

费无忌果真一跃成为楚平王的宠臣，一夜大富大贵。他非常清楚太子继位后自己会有怎样的下场，于是变本加厉，不断在楚平王面前进谗言，说："太子为秦国公主的事情，天天怨恨您呢。如今戍守在外，操练军队、联络诸侯，怕是有谋反之心啊。"

于是，楚平王召来太子太傅伍奢，对之严刑拷打，让他供出太子谋反之事。伍奢知道这是费无忌的谗言，回答说："大王为何听信小人之言而疏远自己的亲骨肉呢？"费无忌则火上浇油地说："大王如果现在不采取措施，怕是将来要后悔啊。"

弑君谋逆之事，在楚国并不新鲜。楚平王自己就是这样上位的。所以，对待太子建之事，楚平王当然宁可信其有，不可信其无。

名篇摘选

胥也应无憾，至哉忠孝门。
生能酬楚怨，死可报吴恩。
直气海涛在，片心江月存。
悠悠当日者，千载祗惭魂。

——范仲淹《苏州十咏其八·伍相庙》

伍子胥：生能酬楚怨，死可报吴恩

于是，楚平王囚禁了伍奢，并派人诛杀太子建。太子建得知消息后，逃亡到宋国。

尽孝，忠厚伍尚赴死

伍奢有两个儿子，一个叫伍尚，一个叫伍员。伍员就是伍子胥。伍奢被囚后。费无忌继续发挥自己的小人本色，不失时机地提醒楚平王："伍奢有两个儿子，都很有能力，如果不杀掉，恐怕留下后患。不如以伍奢为人质，把他们召来，以便斩草除根。"

于是，楚平王派使者对伍奢说："如果能把两个儿子召来，就可免你死罪，如果不能，你就必死无疑。"

伍奢当即就说："伍尚会来，子胥不会来。"

楚平王很纳闷："为什么呢？"

伍奢说："伍尚为人忠诚厚道、善良仁孝，听说可以代父受死，一定会来。子胥为人刚毅坚韧、有勇有谋，能成大事。他知道如果来了，一定是陪着父亲一起死，一定不会来。将来能成为楚国劲敌的，也必定是他。"

于是楚平王派人前去召唤二人："如果前来，你们的父亲就可以免于一死。"

听闻楚平王的召唤，伍尚就要动身前往都城。伍子胥说："楚王召我兄弟，不是想让父亲活命，是害怕留有后患，所以把父亲当作人质，骗我们前去。我们一到，父子俱死，对父亲有什么帮助呢？甚至连报仇的机会都没有了。不如逃亡他国，借力替父报仇，总好得过同归于尽吧？"

伍尚说："我知道回去也不能保全父亲。只是，父亲有获得一线生机的机会，如果不回去，是对父亲的不孝。况且如果苟且偷生，日后却不能报仇雪恨，那将成为全天下的笑柄啊。"

这就是士。他们把责任和名节看得比什么都重要。父亲召而不去，是不孝；国君召而不去，是不忠；苟且偷生而不能报仇，是不义。这就是他们的价值观。

于是，伍尚对伍子胥说："你赶紧逃走，你能报我们的杀父之仇。我回去陪伴父亲，一同受死。"

就这样，伍尚回到国都，与父一同被杀。而伍子胥则武力拒捕，拼命射箭，令追兵不得靠前，最终得以逃亡。

伍子胥：生能酬楚怨，死可报吴恩

伍奢听说伍子胥逃亡以后，感叹道："此后楚国的君臣，将苦于战乱啊！"——受刑前的最后一刻，他念念不忘的，依然是自己的国家和人民。

名篇摘选

伍尚谓伍胥曰："闻父免[1]而莫奔[2]，不孝也；父戮[3]莫报，无谋[4]也；度[5]能任[6]事，知[7]也。子其行矣，我其归死。"

——《史记·楚世家》

【注释】

1.免：赦免，释放。2.奔：急速，迅速。3.戮（lù）：杀害。4.谋：计谋，智谋。5.度（duó）：揣测，估量。6.任：担当，担任。7.知（zhì）：智慧，后作"智"。

逃亡，落难伍员白头

逃到楚国边境，伍子胥碰到了与他同殿为臣、出使齐国归来的至交申包胥。伍子胥哭诉父兄蒙冤而死之事，并发下毒誓必将回来灭楚，以报不共戴天之仇。申包胥却说："为人之臣，为国尽忠；食君之禄，为君分忧。作为楚国的臣子，我不会眼睁睁看着楚国灭亡。如果你一定要灭楚，那么，我必将竭尽全力救楚。"

二人就此作别。伍子胥听说太子建在宋国，于是奔至宋。为了躲避宋国的内乱，两人随后出奔郑国。郑国对太子建非常友好。太子建复仇心切，欲借郑国军队回楚讨回自己的位置而不得，便想与晋国合谋夺取郑国。事情泄露后，太子建被郑国所杀。伍子胥只得带着太子建的儿子公子胜继续逃亡，奔向吴国。

来到楚国的边境昭关（Zhāo guān），遇到了大麻烦。伍子胥等人已经受到通缉，各个关口都贴着他们的画像。昭关是春秋时吴楚两国的天然分界线，也是前往吴国的必经之地，建有烽火台、楚兵营等。面对严格的审查，为了出关，伍子胥愁得一夜白了头。

他们好不容易蒙混过关，却立马引起了守关将领

伍子胥：生能酬楚怨，死可报吴恩

的警觉。伍子胥和公子胜只得仓皇逃跑，官兵在后面紧追不舍。奔到江边，无路可逃之时，江上一个撑船的渔夫，看到他们身处险境，二话没说就把二人送过了江。伍子胥感谢渔夫在危难之际伸出援手，解下自己的佩剑说："这是我家祖上传下的宝剑，能值个一百两黄金，请您收下。"渔夫并不接受，说："根据楚国的法律，捉到伍子胥，赏赐五万石粮食，加官晋爵。这样的报酬我都不要，怎么会在乎你那价值百金

古昭关伍相祠（1993 年重修而成）

的剑呢。"想来这个不起眼的渔夫，也是一位侠肝义胆的隐士。

出得昭关，还没到达吴都呢，伍子胥在路上又得了重病。盘缠已花光，水尽粮绝，伍子胥只好吹箫乞讨，来到吴都。

可以想象，出身豪门世家的伍子胥，到底忍受了怎样的难堪和屈辱。但为了替父兄报仇，他可以吃常人所不能吃之苦，愿意忍受常人所不能忍之辱。

成语释义

吴市吹箫

解释：比喻在街头行乞。

同义词：吹箫吴市　吴市之箫

刺僚，侠义专诸藏剑

伍子胥历经千难万险来到吴国之时，吴王僚刚刚

伍子胥：生能酬楚怨，死可报吴恩

即位，公子光为军事将领。伍子胥努力游说吴王攻打楚国，公子光则劝阻吴王，说伍子胥只是为了报他个人的私仇而已。于是，敏锐的伍子胥便不再提攻楚之事，但他看得明白：吴王僚不是一个很有主见的人，而公子光对吴王僚并不十分忠诚，有取而代之的野心。

于是，伍子胥向他举荐了一位敢于赴难的勇士，名叫专诸，自己则和公子胜隐居起来。

公子光结识专诸以后，始终将之当作贵客，给他提供了特别优厚的待遇，日日送鱼肉，月月送布帛，嘘寒问暖、关心备至。从贫贱至极到被人赏识、优待、重用，专诸感念这样的知遇之恩，不惜以性命作为回报。

没几年，公子光的机会来了。

这年，楚平王死了，楚昭王即位。这个楚昭王，就是楚平王与那个秦国公主生的儿子。吴王僚趁楚国服丧之际，派自己的两个弟弟带兵攻打楚国，不料吴国大军却被围困于楚。

公子光对专诸说："机不可失，时不再来！我才是真正的继承人，应当是国君。季子就算回来，也不会废掉我的。"

专诸说："可以下手杀掉吴王僚了。当前，两个公子在外被楚国围困，而国内没有正直敢言的忠臣。他能把我们怎么样呢？"

公子光立刻跪在专诸面前，磕头道："我公子光的身体，就是你的身体，你身后的事都由我负责了。"

这天，公子光在府中宴请吴王僚，事先将很多士兵藏匿在地下室，伺机动手。吴王僚也不傻，他虽然答应赴宴，但也做好了充足的准备。他派出卫队，从王宫一直排列到公子光的家里，门户、台阶两旁，都安排了自己的亲信。侍卫手持长矛，夹道站立，严阵以待。在这样密不透风的安保之下，专诸有没有下手的机会呢？

宴席进行到酒酣耳热之时，公子光假装脚痛，起身进入地下室。

这时，专诸出现了，他来向吴王进献一条烤鱼。不过，这条烤鱼是做过手脚的，鱼的肚子里藏有一把匕首。专诸端着烤鱼，顺利来到吴王面前。说时迟那时快，他掰开鱼肚子，顺势用匕首刺杀吴王！吴王僚没有防备，当场命丧黄泉。

吴王的左右侍卫马上反应过来，蜂拥而上，把专诸用乱矛刺死了。在这混乱的时刻，公子光埋伏在地

伍子胥：生能酬楚怨，死可报吴恩

下室的士兵冲杀出来，将吴王僚的侍卫悉数灭掉。

于是，公子光如愿以偿当上了吴王，他就是吴王阖闾。

阖闾即位后，给专诸安排了体面的葬礼，而且提拔专诸的儿子为上卿。当年把专诸推荐给阖闾的伍子胥，也结束了隐居状态，正式参与到吴国的国政当中。

斩姬，良将孙武练兵

伍子胥得到重用后，又为吴王阖闾推荐了一名关键性人才，他就是齐国人孙武。

孙武从小就爱钻研兵法，他把自己的军事见解写成了十三篇文章，就是传于后世的《孙子兵法》。孙武在齐国内乱之时来到吴国，与当时正在避世隐居的伍子胥成为好友。阖闾想要征伐楚国，正需要人才，伍子胥向他推荐了孙武。由于当时孙武没有什么名气，所以阖闾没有表态。伍子胥并不灰心，连续向阖闾推荐了七次，阖闾才勉强答应见见孙武。

孙武献上自己的兵书。阖闾对孙武说："你的十三篇兵法我都看到了，能不能给我看看你练兵的实效呢？"

孙武说："可以。"

阖闾为难孙武说："是不是即使是女子，也能用你的兵法训练成强悍的战士呢？"

孙武说："可以。"

于是，阖闾果真从宫中挑选了一百八十个宫女，让孙武去训练。

孙武让所有人手持长戟，将之分成两队，指派阖闾非常宠爱的两个妃子当队长。

孙武下令说："你们知道自己的心口、左手、右手和后背的位置吗？"

宫女们说："知道。"

孙武向宫女们说明各种指令："向前，就是看向心口的方向；向左，就是看向左手的方向；向右，就是看向右手的方向；向后，就是看向后背的方向。明白了吗？"

大家回答："明白。"

孙武命人搬出军中用于腰斩和砍头的刑具，又三番五次交代刚才的指令，申明所有人必须服从指令，便开始正式训练。

一会儿,击鼓声响起,命令全体向右!

宫女们却嘻嘻哈哈、叽叽喳喳,笑作一团。

孙武自责地说:"纪律解释不明,指令交代不清,这是将领的过错。"于是,他又把练军的指令和要求详细说了一遍。

然后,再次击鼓,命令全体向左!

结果,这些宫女还是不听指令,又很放肆地大笑起来。尤其是那两名为首的队长,更是笑得前仰后合,眼泪都出来了。

这次,孙武转变脸色,厉声喝道:"指令交代不清是将领的责任,指令交代清楚而不执行,那就是军士的过错了。违反军规,必须严惩!来人,将两个队长拖出去,斩了!"

坐在远处高台上观望的吴王阖闾大吃一惊,赶紧派人传令:"好了,好了,寡人知道将军的用兵本事了。就放了寡人的这两名爱妃吧,没有她们,寡人会吃不香、睡不安的。"

孙武却拒绝了,他说:"既然我被任命为将军,那么将在外,君命有所不受!"于是,阖闾的这两名爱妃被斩首示众。

看到这一幕,在场的所有人都傻了!宫女们个个胆战心惊、恐惧不已。

之后,孙武指派了另外两个人做队长,若无其事地继续击鼓练兵。指令再次响起的时候,宫女们全部不敢出声,个个严肃认真,谨遵命令,动作整齐划一。

这时,孙武向吴王阖闾报告说:"队列十分整齐,大王您可以来检阅了。随便您下什么命令,她们都能服从,即使赴汤蹈火也不会退缩。"

吴王阖闾却深陷懊悔和震怒之中:刚才还陪伴自己左右的美人,一眨眼的工夫就香消玉殒、阴阳两隔了。他意兴阑珊地敷衍孙武说:"将军去休息吧,寡人就不下去看了。"

孙武正色道:"看来,大王您也仅仅是喜欢我兵书里的理论,却并不能承受相应的后果啊。"

一语惊醒梦中人。阖闾虽然对孙武狠心杀死自己的爱妃非常生气,但是也不得不佩服孙武的用兵才能。吴国正是用人之际,怎么可以错过这样的将领呢?于是,孙武被拜为将军,负责统率吴国军队。

伍子胥：生能酬楚怨，死可报吴恩

成语释义

三令五申

解释：再三地命令和告诫。最早出自《史记·孙子吴起列传》。

同义词：发号施令　千叮万嘱

反义词：敷衍了事

鞭楚，疯狂子胥行逆

在伍子胥和孙武的辅佐下，吴国经济有了很大提升，军队得到了壮大，逐渐具备叫板中原、覆灭楚国的实力。

当上吴王的第九个年头，阖闾采纳孙武的计策，任命孙武为将军，伍子胥为副将，发兵六万，攻打楚国。

吴军过关斩将，五战皆胜，一路打到楚国的都城郢都。伍子胥迎来了他梦寐以求的报仇时刻。这一刻，他等了整整十六年。

可是，进入郢都，伍子胥并没有报仇的快感，相反却十分郁闷。此时，那个好色而昏庸的楚平王早已去世，那个用谗言陷害忠良的费无忌也死了，在位的楚昭王已经弃都逃走。历经十六年的隐忍、十六年的磨难，当无数次只有在梦中才出现的报仇时刻终于来临时，伍子胥却发现，自己早就没有对手了。

满腔的怒火无处发泄，多年的怨恨无法隐藏。为泄心头之恨，伍子胥把楚平王的尸骨从坟墓里挖了出来，狠狠地鞭打了三百下，以报杀父杀兄之仇。也有史籍记载，伍子胥只是鞭了楚平王的坟墓，并未掘墓鞭尸。

这一举动，虽然情有可原，但依然很过分、很残暴。

逃亡在外的申包胥听说后，派人对伍子胥说："你太过分了，想当年，你也是楚平王的臣子啊，今天怎么能羞辱死人呢？"

伍子胥回答说："没有办法，这个深仇大恨，我忍了太久了！"

伍子胥实践了他的誓言：灭楚，报仇。

申包胥呢？当然也要践行他的誓言：救楚。

怎么救？找谁救？

申包胥跑到秦国，向秦王借兵伐吴。秦王不肯惹事上身，婉言谢绝了。申包胥悲从中来，居然站在秦国的朝堂上大哭起来，连续哭了七天七夜！

秦王最终被感动了，毕竟楚国灭亡对于秦国也不一定是好事。于是，秦国派了战车五百乘，遣将前去伐吴救楚。

吴军一看情形不妙，立刻撤了兵。楚昭王随后也回到郢都，收拾烂摊子，继续当他的楚王。

此时的吴王阖闾，西破强楚，东震齐、晋，威服中原，成为春秋时期的一位霸主。遭此打击，楚国国力大为削弱，一时再也无力争霸。但是，吴楚之间的仇恨并没有因为伍子胥的成功复仇而消弭。

辱越，糊涂夫差留患

吴国的另一个邻国是越国。这一年，越王允常去世，太子勾践继位。吴王阖闾趁着越国国丧之际，亲率大军出兵伐越，在苏州附近展开激战。结果，吴国不慎战败，被迫退兵。英雄一世的阖闾受伤，还没有回到吴国，就伤势加重，生命垂危。

临死前,阖闾交代太子夫差说:"你会忘记勾践杀你父亲的仇恨吗?"

夫差说:"不敢忘。"

阖闾死后,夫差即位,拜伍子胥为国相,拜伯嚭(pǐ)为太宰。

为了坚定自己的复仇意志,夫差让侍卫站在院中,只要夫差经过,就要对他大喊:"夫差,你忘掉越国的杀父之仇了吗?"夫差必然大声回答:"没有!"

就这样,吴国君臣一心、同仇敌忾,士兵日夜操练、积极备战。两年后,夫差命伍子胥为主将,伯嚭为副将,率兵迎击前来侵犯的越军,大败勾践。

勾践被打得只剩五千人马,派人求和。越国大夫文种重金贿赂夫差的宠臣伯嚭。伯嚭贪财好色、好大喜功,常常嫉妒别人的功劳,虽然与伍子胥同掌朝政,但是个地地道道的小人。

于是,拿人手短的伯嚭替勾践向夫差求和:"勾践甘愿做大王的仆人,妻子甘愿做大王的侍妾,越国的一切都为您所有,只求您放他一条生路。"

伍子胥坚决不同意议和,他说:"如今正是灭掉越国的良机。留着勾践,绝对是对吴国的威胁。吴王你将来是要后悔的。"

夫差思来想去，最终没有采纳伍子胥的意见，同意接受越国的投降，让勾践夫妇到吴国为奴，算是为父报仇。三年之后，由于伯嚭等的进言，夫差认为勾践真心归顺了他，放他回了越国。

在位第七年，正好齐国内乱，夫差决定率兵伐齐，称霸诸侯。伍子胥阻拦他说："勾践回去后生活简朴，整日粗茶淡饭，迎来送往均礼仪周到，这是要成大事啊。此人不除，必定是吴国的威胁。现在，越国才是我们的心腹之患，大王为何不着急对付越国，却要远道伐齐呢？"

夫差不听，执意伐齐。齐国无暇应付，向吴投降，夫差大获全胜，威震诸侯，扬名天下。夫差班师回国后，志得意满，越发疏远国相伍子胥，觉得他老了，思想太保守。

不久，齐国进攻鲁国，夫差又要出兵去伐齐。这次，勾践积极响应，率领兵士前来帮助吴军。只有伍子胥出言阻拦，第三次劝谏夫差先消灭越国。夫差非常不满，干脆派伍子胥出使齐国，以图耳根子清净。

伍子胥见夫差得意忘形，已经预见到吴国的下场，

苏州胥门

所以在出使齐国之时,把儿子托付给了齐国的朋友,自己仍然回到吴国效命。

进谗,谏臣反被赐死

伯嚭与伍子胥关系一向不好,趁此对夫差说:"伍子胥这个人,个性刚烈、脾气暴虐又爱猜忌,他对大王您心怀怨恨,是个隐患啊。您第一次攻打齐国,他就不让。结果怎样?您胜利而归,扬名诸侯。您没有采纳他的计谋,他肯定会怨恨您的。这次攻打齐国,他还不让,看劝谏无用,就说自己病了,不随军出征。我还打听到,这次出使齐国,他已把儿子留在了齐国。他是先王的宠臣,如今在您这里受到了冷落,难道不会对外联络诸侯,生出二心吗?大王您不可不防,还是早做打算吧。"

这个世上,有两种人是可怕的。一种是夫差这样的糊涂君主,虽然也有作为,但是没有远见,骄傲自大。另一种就是伯嚭这样的阴险小人。最为可怕的,则是糊涂的君主听信小人的谗言。

伯嚭的话,果然加重了夫差的疑心。于是,夫差赐给伍子胥一把剑,命令他自杀。

可怜伍子胥,坎坷一生,才华盖世,落到个被逼自杀的下场。

伍子胥仰天长叹道:"天啊,伯嚭搬弄是非,大王反倒诛杀我。是我,辅佐你的父亲称霸;是我,多次以死进谏,力挺你为太子。你还曾说若事成,分一半吴国给我,我不敢有这样的奢望。如今,你却听信小人谗言,要杀我这个长辈。我不甘心啊!"

临死前,伍子胥吩咐身边的人:"一定要在我的坟上种植梓树,树木长大之后可以做棺材。你们都没有好下场，马上就要用到棺材了！把我的眼睛挖下来挂在吴国的东门上，我要亲眼看着越军入城灭掉吴国！"

说罢，伍子胥含恨自杀。

伍子胥的临终遗言传到了夫差这里，夫差气得浑身发抖：临死了还要咒我，好，我就让你死无葬身之处！

于是夫差下令，把伍子胥的尸体裹在皮革的袋子里，扔到江里去喂鱼。

吴国百姓怜悯伍子胥，感慨忠臣不得善终，就在江边为他立了一座祠堂，把祠堂所在的山，命名为"胥山"。至今在苏州一带，百姓还把端午节作为纪念伍子胥的节日呢。

那么，伍子胥临终前的预言有没有实现呢？

课后设计

【延伸阅读】

伍子胥与苏州城

公元前514年，阖闾登上吴国王位。伍子胥

伍子胥：生能酬楚怨，死可报吴恩

得到重用，并奉命修筑国都城池，这就是苏州建城之始。吴王阖闾看中的地段，是长江以南、太湖东面的姑苏地区。伍子胥带领人马，从无锡的阖闾古城来到吴中之地，"相土尝水，象天法地"，建造了水路并行、河街相邻的"阖闾大城"。因此，伍子胥被公认为苏州城之父。

除了建城，伍子胥还率众开凿了历史上第一条人工运河——胥江（后名"胥溪"），既避免了吴中地区的水患，又便利了当地的运输和灌溉。

如今的苏州城，虽历经二千五百多年时光的洗礼，却依然保持了许多当年的古朴风貌。伍子胥含冤而死后，苏州百姓感念他的功绩，将古城西南角的城门称为胥门，将胥门外的河流称为胥江，将胥江至太湖的入口处称为胥口。两千多年来，胥门、胥江总是与伍子胥的名字连在一起。每年五月初五，苏州百姓都会包粽子、划龙舟，以纪念忠臣伍子胥。如今，苏州端午节习俗已"申遗",被列入第一批国家级非物质文化遗产名录。

可见,即使是在21世纪的今天,吴中大地的人们对伍子胥的敬仰和怀念之情依然没有改变。

范蠡：功名不恋知进退，三致千金陶朱公

人物小档案

姓名：范蠡（lí），字少伯，人称"陶朱公""商圣"

生卒年：前536年—前448年

国别：楚国（春秋时期）

职位：大夫

特点：前半生从政，后半生经商；从政后功成身退，从商后三致千金、三散千金

人生历程：一介布衣—帮助越国复国、称霸的主要谋臣—上将军—富甲天下的商人

故事出处：《史记·越王勾践世家》

范蠡是春秋时期著名的谋士，辅佐越王勾践二十余年，是勾践兴越、灭吴、称霸的主要功臣。功成名就之后，他不贪恋"上将军"之荣华富贵，抛弃万贯家财，遨游于七十二峰之间。之后他隐姓埋名，三次经商成巨富，乐善好施三散其财。他三迁后定居于宋国定陶，自号"陶朱公"，富甲一方，儿孙满堂。后世许多生意人皆奉之为财神。这就是范蠡，一个从政和经商都能做到最好的人。司马迁赞誉他："范蠡三迁皆有荣名。"世人赞誉他："忠以为国，智以保身；商以致富，成名天下。"

吴越相争结世仇

越国的远祖据称是夏禹的后裔，封地在会稽（Kuàijī，今苏州）一带。他们入乡随俗，文身断发。到了周朝，越国已经和中原诸侯国习俗迥异，与相邻的吴国则多有相似。允常在位时期，越国开始称王。越国有记载的第一位王，就是允常。越王允常与吴王阖闾互有攻伐，结下不少冤仇。

阖闾在位时期，任用伍子胥和孙武，成就超级组

范蠡：功名不恋知进退，三致千金陶朱公

合，改革内政，富国强兵，一度五战五捷，率军攻入楚国都城——郢都，威震齐、晋，成就霸业。吴、楚相争后，楚国着力扶持越国，以牵制吴国，越国的国力开始得到增强。就在这次吴军进入楚国期间，越王允常趁机派兵攻打吴国，害得吴军不得不分出一支来回击。

吴军从楚国撤兵回来后，阖闾就一直想找机会报复越国。很快，机会就来了。越王允常病逝，新王勾践登基，阖闾二话不说就趁越国国丧之机杀将过去。

只是，阖闾没有想到，自己征战无数，却栽在了初出茅庐的勾践手里。

本来，吴军来势汹汹，越军根本没有机会得胜。勾践却不按常理出牌，使出了绝杀技。

勾践准备了一批敢死队。两军对垒之际，只见越军勇士整齐排成队列，高呼着口号，来到吴军面前，却忽然齐刷刷地自刎而死。接着，又一队列勇士上前，依旧是高呼着口号，依旧是快速自刎而死。就这样，一队一队的勇士在吴军阵前快速自杀，鲜血汩汩喷涌而出。吴军大为惊骇，一时不知如何是好。越军趁此机会冲杀过去，大败吴军。

讲给孩子的历史人物故事·春秋人物

战乱中,吴王阖闾不慎受伤,逃了七里地,还没回到吴国就死去了。临死前,阖闾嘱咐他的儿子夫差,千万不要忘记为他报仇!夫差即位后,一刻不忘杀父之仇,派伍子胥等日夜练兵,要找越国报仇。

越王勾践听说以后,决定先发制人,主动出兵把吴国一举灭掉。谋臣范蠡却不赞同。他委婉地对勾践说:"天道要求我们气盛而不骄傲,辛劳而不自夸。主动挑起战争,违背德行,是要遭到上天惩罚的。"勾践不听劝谏,说:"我心意已决。"

于是,勾践率兵伐吴,夫差则派精兵阻击。

果如范蠡所言,这次越兵大败。勾践率仅剩的五千余兵士逃到会稽山,被吴王夫差团团围住。灭国,只在朝夕之间。

卑躬屈膝乞和路

走投无路的勾践对范蠡说:"我没听您的话,落魄至此,如今国破家亡,还有什么活路吗?"范蠡说:"谋事在人,成事在天。只有一个办法,献上厚礼,卑躬屈膝去乞和吧。如果还不行,就像卖身一样给他当

范蠡：功名不恋知进退，三致千金陶朱公

奴隶。这样或许夫差肯放过越国。"

于是勾践照做。他派大夫文种（zhǒng）作为代表前往吴国。文种跪着来到吴国都城，一步一磕头，乞求说："亡国之君勾践让他的臣下文种来向吴王请求，让他做您的侍臣，让他的妻子做您的侍妾。"

看到越王的代表在全城百姓面前如此虔诚请罪，夫差的心理得到很大的满足。他本想答应放过勾践，但伍子胥半路杀出来阻拦。

伍子胥说："大王千万不要答应，这是上天把越国赐予吴国的啊，一定要抓住机会。放勾践一马，会给自己留下无穷的麻烦。"

于是，文种的乞和失败了。他连吴王夫差的面儿都没见着，就被赶了回去。

看到文种失败而归，勾践觉得彻底没活路了。为今之计，只能拼死一搏了。他下令说："来人，杀掉我的妻儿，烧掉我的金银财宝，让我们在沙场上决一死战吧！"

文种劝他说："大王，您且慢。吴国的太宰伯嚭贪财好色，不如贿赂一下他试试？我私下去跟他说说。"

于是，勾践赶紧拿出大量美女和财宝，让文种偷

讲给孩子的历史人物故事·春秋人物

偷带去献给伯嚭。伯嚭果然很喜欢,答应带文种去见吴王。

文种来到夫差面前,磕头行礼后说:

"大王,您赦免勾践的罪过吧,勾践愿意将所有的金银财宝献给您。如果这样还不能得到您的赦免,勾践只好杀死自己的妻儿、烧掉所有的财宝,带领五千余兵士拼死一搏。这对您又有什么好处呢?"

伯嚭也趁机说:"越国已经心甘情愿地臣服了,如果能够赦免他们,对吴国也是有利的。"

吴王夫差又有点动摇了。伍子胥赶紧进谏说:"大王如果现在不彻底灭掉越国,将来必定会后悔的!勾践如此能干,范蠡和文种又忠心耿耿,如果让他们回国,必定会再生变乱。"

关键时刻,糊涂的夫差没有听从伍子胥的劝说,最终赦免了越国,撤兵而回。

石室养马显忠臣

勾践回到越国,搜罗全国奇珍异宝、美貌女子准备献给吴国,前往请罪。勾践提出让范蠡留下治理国

范蠡：功名不恋知进退，三致千金陶朱公

政，范蠡却主动提出随王入吴。他说："带兵打仗，我比文种在行；治理国家、亲附百姓，我不如文种。"于是，勾践带着妻子、范蠡出发，越国群臣一直送到江边。送行的百姓堵塞了通道，送行的车子排成了长队。越王勾践仰天长叹，痛哭流涕。

到了吴国后，夫差让勾践夫妇住在他父亲阖闾坟墓旁的一间石屋里，每天负责给他喂马。范蠡也跟着做一些奴仆的事情。

勾践每天蓬头垢面，赤裸着上身，只穿着一条奴仆常穿的短裤。他的夫人则穿着没有花边装饰的粗布衣裙。勾践负责割草、养马、洗车，夫人负责打水、除粪、洒扫。范蠡则朝夕侍候在勾践夫妇身边，寸步不离。每当夫差驾车出游的时候，勾践会主动跪在地上，让吴王踩着他的背上车，然后恭敬地在前牵着马。吴国人都指指点点地说："快看，快看，这个人就是越王！"勾践听到后，脸上没有任何愤怒，只顾低头走路，而夫差呢，则得意扬扬。通过对勾践进行身体侮辱，他的虚荣心和复仇感得到极大的满足。

夫差召见他们，勾践匍匐在前，范蠡随侍在后。夫差很赞赏范蠡的忠诚，能在勾践落魄之时不离不弃。

于是，夫差尽力拉拢范蠡："越王逆天行事，国家都快灭亡了，已经沦为天下的笑柄。你陪着他一起成为奴仆，难道不觉得很可悲吗？如果你能改过自新，放弃越国，归顺我吴国，寡人可以赦免你的罪过。"

范蠡恭恭敬敬地回答说："臣听说，亡国之臣，不敢谈论政事；败军之将，不敢夸耀勇气。臣在越国不忠不信，没能好好辅佐越王，得罪了大王。幸得大王开恩，留下我君臣二人性命。我只愿为您洒扫庭院，供您差遣，实在不敢还有更高的奢望啊。"

听闻此言，勾践伏地流涕，感激不已，也对范蠡更加信任。夫差看到范蠡如此坚决，知道他不可能为自己所用，就说："既然你不肯转变心意，那就继续回石室劳作吧。"

于是，范蠡陪着勾践一同回到石室。三人继续过着之前那样的日子，日复一日，不怨恨，不悲伤，对吴王的谦卑、忠诚，胜过最卑贱的奴仆。

一日，吴王夫差登台眺望，望见勾践夫妇和范蠡坐在马粪旁边，依然严格遵守着君臣之礼、夫妇之仪。夫差非常感慨，对太宰伯嚭说："越王谦卑恭顺，范蠡忠贞不贰，虽然陷于困顿之中，仍能如此不失君臣之

范蠡：功名不恋知进退，三致千金陶朱公

礼。这令寡人不得不对他们生出些怜悯之心。"伯嚭趁机说："大王您是多么的仁慈啊。愿大王能够以圣人之心，可怜这两位穷困之士吧。"

伯嚭一直收着文种送来的珠宝、美女，见夫差开始有同情勾践之意，这之后就不断旁敲侧击，说些勾践的好话，也夸夸吴王的大恩大德。

在和伯嚭打探消息时，范蠡得知吴王生了重病，已经躺了数月，听说快痊愈了，便请求伯嚭让勾践前去探病。

伯嚭对吴王夫差说："您一病数月，勾践十分挂念，请求入宫看望您。"

得到准许后，勾践入宫觐见，刚好碰到仆人捧着吴王的便盆出来。勾践赶紧拦下说："请让我尝一下吴王的粪便，帮助判断一下吴王的病情吧。"说完，果真用手取便，送到嘴里。勾践进入里屋，行礼后对吴王说："囚犯勾践恭贺大王，大王的病情已经好转，到三月的时候就能痊愈了。"

夫差很奇怪地问："你是怎么知道的呢？"

勾践说："我尝了您的粪便，味道又苦又酸，这是很好的征兆。"

夫差一听，特别高兴，感动地说："勾践啊勾践，古来臣子侍奉君王，哪有肯亲尝粪便的啊！"夫差问伯嚭："你能吗？"伯嚭摇头说："臣愿为大王做任何事情，但此事不能。"夫差说："不但你，连我的儿子都不能啊。勾践竟然肯，可见他对我是真的忠心。"

夫差当即下令，让勾践夫妇离开石室，住进民舍。

不久，夫差果然痊愈，便释放勾践一行回了越国。

当然，勾践自从亲尝粪便后，就患上了极其严重的口臭。范蠡便让身边所有人都吃鱼腥草，人人都口臭，勾践就不突出了。

献计献策天不负

勾践终于返回越国，但他不敢有丝毫松懈。他在座位旁边放置一颗苦胆，不论坐着、卧着，或者吃饭、喝水，都要舔尝一下，时时刻刻提醒自己，不要忘记曾经的苦难、曾经的耻辱。

勾践放下国君的身段，自己下田耕种。他的夫人则和普通农家妇女一样，自己织布。他们的饭菜，基本看不到肉。他们的衣服，更是没有多余的装饰。此外，他礼遇贤士，厚待宾客，救济贫困，慰问死者家属，与百姓同甘共苦。

成语释义

卧薪尝胆

解释：形容人刻苦自励，立志雪耻图强。

补充：《史记·越王勾践世家》中只有勾践尝胆一事，到苏轼《拟孙权答曹操书》才有"卧薪尝胆"一说。

近义词：坐薪悬胆　枕戈饮胆　饮胆尝血

反义词：胸无大志　自甘堕落　自暴自弃

范蠡得到了重用，有了施展自己才干的天地，积极为越国的强盛献计献策。他提出"十年生聚，十年教训"，即用十年的时间休养生息、扩充人口，再用十年的时间教化百姓、训练军队。这样，二十年后，越国就可以报仇雪恨、扬眉吐气了。

以成语卧薪尝胆为主题的邮票

　　大夫文种也给勾践出了灭吴之策共七招。其中有一招,就是著名的美人计。于是,勾践在越国遍访美女,找到拥有绝色美貌的西施,由范蠡亲自将其献给吴王夫差。

　　西施到了吴国后,果然得到夫差的宠爱。夫差留她在身边陪伴了自己十七年,一直到吴国被灭的那天。夫差中了美人计后,更加认定越国对吴国没有仇恨,只有感激,后期逐渐沉迷酒色,荒废国事。

　　随着越国实力的增强,勾践更是注重军队的训练。他训练的方法也很凶狠。为了考验士兵的勇猛,勾践故意放火烧船,然后说"越国的财宝全都在船上呢",同时擂鼓命令他们往前冲。士兵们不得不赴汤蹈火,死伤者不计其数。越国的虎狼之师,就是这样练成的。

逐年强大的越国,开始等待伐吴的时机。此时,夫差积极北上争霸,连年用兵,威震齐晋。越国则暗中结交齐国、亲近楚国、依附晋国,伺机而动。

伍子胥死后第三年,勾践问范蠡:"伍子胥已经死了,吴王身边全都是阿谀奉承之辈,现在可以伐吴了吗?"

范蠡说:"不可以。"

下一年,吴王夫差带着全部精兵北上,与中原诸侯会盟黄池,企图称霸。吴国只剩下太子与老弱将士把守。勾践又问范蠡:"现在可以

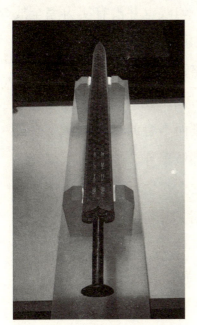

越王勾践剑(现藏湖北省博物馆)

伐吴了吗？"

范蠡说："可以了。"

三千越甲可吞吴

于是，勾践趁机带五万多精锐军队大举进攻吴国。吴军战败，太子被杀。夫差在会盟后赶回吴国，由于千里行军，加之都城被破，军无斗志，只得给勾践献上厚礼，请求议和。此时，勾践也并没有实力完全战胜吴国精兵。于是，双方罢兵。

只是，勾践的复仇之路，岂会止步于半途？吴国呢，由于连年灾荒又争霸中原，并未做伐越的准备。又过了四年，吴国大旱，锲而不舍的越军再次攻打吴国，吴王夫差兵败，退至都城据守。越军则一口气把吴国都城前后围困了三年之久！之后，越国再次大举伐吴，夫差被迫带着残兵败将突围逃至姑苏山上。

同样的戏码再次上演，只是这次，主角和配角掉了过儿。夫差派一名使者赤裸上身跪着向勾践求和说："罪臣夫差，当年在会稽山曾经得罪了您。但当时，夫差不敢违背天命，因此与您议和而归。如今，您动一动手指头就能诛灭孤臣，孤臣对您唯命是从。您是否能像当年在会稽山我对您的仁慈那样，赦免我的罪过呢？"

勾践动了恻隐之心，想要赦免夫差。范蠡进谏说："与我们争三江、五湖之利的是吴国，况且十年的谋划，一朝放弃，难道不可惜吗？您忘记会稽山上所受的苦难和屈辱了吗？让我去答复吴国使者。"

于是，范蠡亲自击鼓，对使者说："当年在会稽山，上天将越国赐予吴国，吴国不要。现在上天将吴国赐给越国，难道要让越国逆天行道，而听你们君王之命吗？大王已经把指挥权交给我了，你如果还不赶紧走，我就得罪了。"

吴国使者只好哭着回去复命。

吴王夫差被迫自杀。临死前，他用布遮住自己的脸庞，说："我实在没脸见伍子胥啊。"

伍子胥当年的预言，果然成真。

越王安葬了吴王夫差，诛杀了小人伯嚭。之后，越国继续向北征伐，横行于江淮一带，获得了齐、晋等大国甚至是周王室的认可。越王勾践，在范蠡、文种等的辅佐下，成为春秋五霸中的最后一位霸主。

功成身退泛五湖

霸业已成,勾践当然要论功行赏。范蠡被封为上将军,手掌军事大权。

可是,睿智的范蠡也立刻就明白:盛名之下,难以久居。他帮助勾践谋划了二十多年,使之报仇雪恨,成就霸业,但自古功臣难自保,何况越王勾践的为人,他又是如此了解。

吴国灭亡之后,西施被带回越国。虽然灭吴有功,但这个美丽的女子并没有得到好的下场。来到王宫,她马上就遭到了越国王后的嫉恨,之后被陈尸江心。

看到美女西施的下场后,范蠡更坚定了自己的这一看法。

范蠡于是写了一封信向勾践辞别:

"我听说,君主忧愁,为臣的须辛

范蠡像

苦为之解忧；君主受辱，为臣的须以死谢罪。当年您在会稽山上受辱，我所以不敢死，是为了成就报仇大业。如今，您已经雪耻，臣请求治我当初令您受辱的死罪。"

勾践说："我将和你平分越国，留下吧。否则，我就要加罪于你。"

范蠡说："您可推行您的命令，臣下我要依从自己的心愿。"

于是，范蠡选择放弃高官厚禄，什么华屋美宅，什么成群奴仆，一概不要。他只打点包装了少量细软珠宝，带着家人从海上逃离越国，再也没有回来。

范蠡乘船北上到达齐国，写了一封信给自己多年的好朋友文种。信中说："飞鸟打完了，好弓就会束之高阁；兔子一死，狗也会很快成为食物。我们帮助勾践达至了人生的巅峰，现在已经没有用处了。越王这个人脖颈长，嘴长得像鸟嘴。这种人，可以与他同患难，却无法共享乐。你为什么不离开呢？"

这样的认识太厉害了，范蠡一定是看透了人性，才有如此的清醒与果断。

名篇摘选

范蠡遂去，自齐遗¹大夫种书曰："飞鸟尽，良弓藏；狡²兔死，走狗³烹。越王为人长颈鸟喙⁴，可与共患难，不可与共乐，子何不去？"

——《史记·越王勾践世家》

【注释】

1. 遗（wèi）：寄、送（信）。2. 狡：狡猾。3. 走狗：善跑的狗。4. 喙（huì）：鸟兽的嘴。

才干同样出众的文种，显然就没有这份清醒与果断。果然，越王勾践忌惮文种的功劳和才干，赐给他一把剑，对他说："你教给我伐吴七招，我用了三招就灭了吴，其余四招，你替我带到先王那里试试吧。"可怜的文种被逼自杀。

有先见之明的范蠡，则在齐国隐居下来，改名换姓为"鸱夷子皮"。范蠡和儿子们在齐国的海滨辛苦耕作，努力生产，合力经营，没过几年，居然积攒了数十万的家财。齐国人听说这个人很贤能,就请他去当相国。

范蠡早就看破了名利,他说:"我居家已积攒起千金家财,做官已做到国相高位,这两样都是平民百姓所能做到的极致了。我一人长久享受这种极致的待遇,不是好的预兆啊。"于是,他归还相印,分散千金,送给四邻亲朋,再次举家离开。

这一次,范蠡迁徙到了宋国的陶邑。他发现陶邑地处中心,四通八达,是个经商致富的好地方。于是,范蠡自称"陶朱公",在陶邑从事商业。没过多久,范蠡再次快速累积了家财,富甲天下,名扬四海,为人称道。

陶朱公救子

陶朱公一共有三个儿子。小儿子是在陶邑这个地方出生并长大的。其时,他的二儿子在楚国因杀人被囚,即将斩首。

消息传来,全家都非常悲痛。范蠡说:"杀人抵命,天经地义。但我听说,千金之家的孩子,不会被杀于闹市中。"于是,范蠡让小儿子带着一牛车的黄金，到楚国去谋求解救的办法。

小儿子即将成行的时候，大儿子上前阻拦。他说："我是长子，长兄如父，如今二弟有难，父亲不让我去而让三弟去，是因为我太愚钝吗？"说罢闹着要自杀。范蠡的夫人不忍心，便劝道："你硬要派小儿子去，未必能保全二儿子，却先死了大儿子，这可如何是好啊？"

范蠡无可奈何，只好派大儿子去楚国，同时写了一封书信给他在楚国的老朋友庄公。范蠡嘱咐大儿子："你到了楚国，一定给庄先生送去一千两黄金，无论他做什么，都不要管也不要问。"

大儿子认真地点了点头，临出发前，又私自多带了几百两黄金，以备不时之需。

到了楚国，大儿子就去找庄公。庄公家住在城郊，家里一贫如洗。他遵照父亲的嘱托，把书信和一千两黄金都交给了庄公。

庄公对他说："你速速回去，不要停留。等你弟弟出来，也不要多问。"

大儿子告辞，可是，心里却十分不踏实：让我怎么回去？怎么跟家里人交代？于是，他决定留在楚国，

范蠡：功名不恋知进退，三致千金陶朱公

一则看看事情的进展，二则把多带的黄金送给主事的楚国权贵。

客人一离开，庄公就把夫人叫过来，对她说："这是陶朱公的钱财，你收好了，不要动用。我要去办一件事，如果有什么不测，你记得一定把这些原封不动地还给陶朱公。"夫人就问："既然要还他，你干吗还收啊？"庄公说："不收的话，人家还以为你不愿意替人出力呢。先收下，让对方心里踏实，事成之后再归还就是了。"

可惜这其中的前因后果，范蠡的大儿子并不知情，他还以为庄公跟那些收钱的主事者没什么两样呢。其实，庄公是个奇人，虽然穷困，但为人廉洁、正直，在楚国小有名气，从楚王到官员都很尊重他。

庄公找了个机会去见楚王，说天上某某星宿移到了某某位置，对楚国不利啊。

楚王一向非常信任庄先生，赶紧问："那怎么办啊？"

庄公说："唯有施行德政才能免除灾祸。"

楚王说："先生不必说了，寡人知道该怎么办了。"

于是，楚王下令封存钱库。这是大赦天下的前奏。马上有达官贵人跑来告诉陶朱公大儿子："马上要大赦天下了,你弟弟有救了!"

大儿子自是十分高兴,但转念又想到:既然楚王要大赦天下,自己的弟弟一定可以被释放。自己放在庄公那里的一千两黄金,岂不是没派上用场?他越想越觉得吃了大亏。

于是,他又跑去见庄公。

庄公看见他,吃惊地问:"你怎么还没走?"

陶朱公大儿子很坦然地说:"还没有。当初为了弟弟的事情求助于您,如今,弟弟要被赦免了,所以我来告辞。"

他在想什么,庄公难道不知道吗?庄公立刻说:"东西在里屋,你自己进去拿吧。"

陶朱公大儿子要回了黄金,兴高采烈地走了。

他前脚一走,庄公后脚就又进了王宫。他对楚王说:"前日我说有星辰不利于楚国,大王您打算修德政。现在我听坊间传言,说陶地一个大富翁朱公的儿子在楚国杀了人,他家里拿着重金到处贿赂您的左右。大家都说,大王您大赦天下,并不是体恤楚国人民,而是因为要赦免朱公儿子啊。"

楚王大怒:"寡人虽然德行浅薄,但也不必因朱公

范蠡：功名不恋知进退，三致千金陶朱公

儿子的缘故而广施恩惠啊。"于是下令：立刻杀掉朱公的儿子，明日再大赦天下！

陶朱公的大儿子终于可以带着弟弟回家了，只是带走的是弟弟的尸体。这个长子怎么也想不明白，自己如此努力地四处活动，怎么还是救不了弟弟的性命呢？

长子没想明白的问题，陶朱公范蠡心里却跟明镜似的。他早已预见到了这一切：派小儿子去，兴许能救回二儿子；派大儿子去，就只能等着二儿子的尸体回家了。

他解释说："老大不是不爱他的弟弟，而是不忍心舍弃钱财。他年幼的时候跟我在一起谋生，经历过各种苦难，所以把钱财看得很重。而小儿子呢，一生下来就看到我十分富有，驾着好车好马，四处打猎游玩，哪里晓得钱财是怎么来的呢，所以会轻易地舍弃钱财，出手阔绰，毫不吝啬。先前我打算派小儿子去，就是这个缘故啊。"

范蠡果然是看透了人性，看透了祸福，也看透了生死。这个神一样的人物是世人眼中的人生赢家，他最终活了八十八岁，寿终正寝。他从政则官至相国，经商则风生水起,被尊称为"财神",成为后世商人的鼻祖和典范。

课后设计

【火眼金睛】

把下列人物放到相对应的国家中。

阖闾、勾践、允常、夫差、西施、伯嚭、范蠡、文种、伍子胥

吴国	越国

【延伸阅读】

关于西施最终的结局,有两种说法:

范蠡：功名不恋知进退，三致千金陶朱公

一种是西施被沉江，此说来自《墨子·亲士》，相对可信。

一种是西施与范蠡泛舟五湖，最早见于东汉袁康《越绝书》。这应该是善良的老百姓，伤感于西施的悲惨结局，所以宁愿相信她是被范蠡带走了，两人泛舟五湖，双宿双飞。

晏婴：以五尺之短，谋万国之长

人物小档案

姓名：姓姬（一说子），氏晏，名婴，字仲，谥平，人称"平仲""晏子"

生卒年：？—前500年

国别：齐国

职位：相国—东阿县令—相国

特点：个子矮、有智慧、口齿伶俐、生活俭朴

故事出处：《史记·管晏列传》《晏子春秋》

晏婴：以五尺之短，谋万国之长

晏婴是齐国的又一位名相，与管仲生活的年代相隔百余年，两人并称"管晏"，在中国可算是家喻户晓的人物。晏婴身材矮小、其貌不扬，但足智多谋、刚正不阿，前后辅佐了齐国的灵公、庄公、景公，是名副其实的"三朝元老"。他爱国忧民，敢于直谏，为齐国的昌盛立下了汗马功劳，在诸侯和百姓中享有极高的声誉，被尊称为"晏子"。司马迁在《史记》里，毫不避讳对晏婴的崇拜之情，甚至甘心情愿为他做"执鞭"的奴仆。诸葛亮也对他赞誉有加，在《梁甫吟》中写道："力能排南山，文（又）能绝地纪。一朝被谗言，二桃杀三士。谁能为此谋，国相齐晏子。"

这个五短身材的小个子，凭什么能够辅佐三代君王，享誉诸侯，名留后世呢？

晏子使楚，君命不辱

晏婴可是个独特的人。

他是堂堂齐国大夫，后来又位至相国，但是个子十分矮小。据说身高不足六尺，按现在的标准，晏婴的身高应该在一米四左右。——这样的身高，能当官都很勉强了,何况是历任三朝的高官呢!

因为身高太矮、颜值太低,晏婴没少受到嘲弄和讽刺。但是他凭借自己的才干和机智,常作为齐国的代表出使别的国家。为了维护自己和国家的尊严,晏婴不得不舌战群儒,以智取胜。

晏子像

一次,晏婴奉命出使楚国。楚国,常常自称"蛮夷",一向不怎么服气中原各国的。当时,楚国正在鼎盛时期,根本不把齐国看在眼里。

楚人知道晏婴个子矮,便在大门的旁边开了一个五尺高的小门。晏婴来到楚国,接待的人把大门关了,让他从旁边的小门进去。晏婴断然拒绝,他说:"出使狗国的人,才从狗门进去呢。现在我出使的是楚国,不应当从这个狗门进去!"接待的人只好改让他从大门进去。

晏子去拜见楚王。楚王问他:"齐国是没人了吗?"

晏婴说:"我们齐国人很多啊。单是都城临淄就住

晏婴：以五尺之短，谋万国之长

着成千上万的人家，大家张开袖子就能遮掩太阳，人人甩一把汗就如下起了雨，走路的人肩膀挨着肩膀，脚尖碰着脚跟。怎么能说齐国没有人呢？"

楚王问："那怎么派你来我楚国呢？"晏婴难为情地说："齐国派遣使节，各有各的使命。优秀的人去优秀的国家，差劲的人去差劲的国家。我是最差的，所以只好派到贵国来了。"

楚灵王真是"哑巴吃黄连——有苦说不出"。

又一次，楚王听说晏婴将要出使楚国，就提前跟大臣们商量说："晏婴这个人，是齐国最能说会道的。现在他马上要到我们楚国来，我想羞辱他一下，你们有什么好主意吗？"

一个侍臣建议说："晏婴来的时候，请允许我让差役捆绑一个人从大王面前走过。大王就问：'绑着的是什么人？'差役回答说：'齐国人。'大王再问：'为什么要绑他？'差役就说：'因为犯了盗窃罪。'大王觉得怎么样？"

楚王觉得这是一个好主意，就按此布置妥当。

晏婴来到后，楚王请晏婴喝酒。酒喝得正高兴的时候，两个差役果真绑着一个人到楚王面前来。楚王假装不知情，问道："绑着的是什么人啊？"

回答说："齐国人。"

又问："他犯了什么罪啊？"

回答："盗窃罪。"

楚王看着晏婴问道："齐国人原本就善于盗窃吗？"

晏婴从座位上站起来，一本正经地回答说："我听人说，橘树长在淮河以南就是橘树，长在淮河以北就变成了枳树。橘甘甜可口，枳味酸且苦。橘树和枳树，叶子长得都一样，果实味道却差别很大。为什么呢？当然是水土不同啊。齐国人在齐国不偷不盗，到了楚国竟开始偷鸡摸狗，难道是楚国的水土更容易让人盗窃吗？"

楚王也只能自嘲解围说："圣人是不能同他开玩笑的，我反倒让大夫取笑了。"

挂牛头卖马肉

晏婴的父亲是齐国的大夫。父亲病死后，晏婴子承父业，在齐灵公在位的最后一年，也官至大夫。

晏婴：以五尺之短，谋万国之长

名篇摘选

晏子避席[1]对曰："婴闻之，橘[2]生淮南则为橘，生于淮北则为枳[3]，叶徒[4]相似，其实味不同。所以然者何？水土异也。今民生长于齐不盗，入楚则盗，得无[5]楚之水土使民善盗耶？"

——《晏子春秋·杂下》

【注释】

1.避席：离开席位。古人布席于地，各人独占一席而坐，当对人表示尊敬时，则起立离开原位。2.橘（jú）：常绿乔木，果肉多汁，味酸甜。果实、种子、叶子等都可入药。3.枳（zhǐ）：一种灌木，多刺，果实酸且苦，可入药。4.徒：副词，白白地，徒然。5.得无：莫不是，该不会。

此时的齐灵公有一个特别奇怪的嗜好，就是喜欢看宫中的女人穿上男人的服装。因此，嫔妃、宫女，个个都穿着宽大的男士衣服并束上腰带,以讨好国君。齐灵公觉得很有趣,自己还经常混进中间,与她们一起玩乐。这种"时尚"的装束很快就从宫中传至民间。一时间全国的女子竞相效仿,穿着男装活跃于大街小巷。

齐灵公知道后,觉得大家都这样穿太不像话,感到局势有些不可收拾,于是下令禁止。他派官吏们每日上街,只要看见有女子穿男子的衣服,就上前撕破她的衣服、扯断她的腰带。于是,大街小巷衣服被扯破、腰带被扯断的女子不在少数,虽然知道上面有禁令,但还是有很多女子穿着男装出门。这个风气屡禁不止。

齐灵公大伤脑筋,就问晏婴怎么办。

晏婴说:"您在宫内让宫女们作男子打扮,却禁止宫外的老百姓效仿。这就好比在门口挂牛头,却在门内卖马肉啊。国君您禁止宫内的女人这样装束,宫外的人自然就不敢了。"

果然,宫里的女人不穿男装了,没过一个月,全国就没有女人再穿男装了。

晏婴：以五尺之短，谋万国之长

坐地而讼

齐灵公病死后，他生前废掉的长子在大臣崔杼（zhù）的帮助下即位成为国君，也就是齐庄公。

哪知齐庄公是个昏君，重武轻文，还不讲道义，谁力气大就给谁加官晋爵。于是，朝廷内外集结了一大批流氓无赖、地痞恶霸，整日横行霸道、为所欲为，对外也是常常打仗，不得安生。

晏婴个子小是出了名的，本就不招齐庄公喜欢。他实在看不惯庄公这样暴力行事，常常当面劝说，庄公更是不高兴。

这天，庄公正饮酒，下令把晏婴叫过来。晏婴来的时候，庄公命人奏乐唱歌，歌词是："算了吧，算了吧，寡人不喜欢你，你来干什么？"

晏婴一开始没在意，直接入了座。乐人反反复复奏唱了三遍，晏婴才明白过来：这不是在说我吗？

晏婴从座位上站起来，面对庄公一屁股坐在地上。

庄公莫名其妙，问："你坐在地上干什么？"

晏婴说："妻子要和丈夫争辩时，常常坐在地上。我现在要和国君您争辩一番，怎敢不坐在地上？"这叫"坐地而讼"。

然后,坐在地上的晏婴不吐不快:"国君您要是一直傲慢无礼、崇尚武力、疏远贤臣,这样下去一定会招致灾祸的。这是自取灭亡啊。既然我的话您不爱听,那么我就辞官离去。"

果然,晏婴回到家,把家里贵重的东西都上交到朝廷的府库后,跑到海边一个村子当农民去了。

不几年,应了晏婴所说的话,灾祸降临到了庄公身上。

晏子哭尸

齐庄公在位仅仅六年,就被大臣崔杼杀掉了。

原来,齐庄公自身品行不端,和崔杼的妻子私通,得罪了崔杼。崔杼忍无可忍,就找了个机会在家中设下埋伏。

崔杼托病不能上朝,庄公假意前来探望。庄公一到,崔杼在院子里埋伏的士兵就冲杀出来。庄公也是一身好蛮力,居然一路抵抗登到了一个高台之上,央求崔杼放过他,有什么要求都可以提。

但是,没人理他。

庄公只好央求道:"如果不能免我一死,至少让我死在祭祀祖先的太庙里吧,让我死得有尊严。"

侍卫们说:"不行,我们只听从崔大夫的。"

于是,齐庄公只好想办法翻墙逃走。

结果,不幸大腿中箭,他失手跌落下来,被崔杼的手下乱刀砍死。

就这样,堂堂一国之君,横尸在了崔杼家里。要说齐庄公得此下场,也算罪有应得,因此听说这件事的人都躲得远远的。只有在海边种地的晏婴,听说国君死了,直奔国都而来,站在了崔杼的门口。

随从问:"你打算尽忠而死吗?"

晏婴说:"这是我一个人的国君吗?我为什么要死?"

随从问:"那我们怎么不逃跑呢?"

晏婴说:"难道国君的死是我的罪吗?我为什么要逃跑?"

随从问:"那我们还是回去吧。"

晏婴说:"我的国君死了,作为臣子不来奔丧,能回哪里去啊?"

随后,晏婴在门外高声大喊:"一国之君为国家而死,臣子就应当尽忠而死;一国之君为国家而逃亡,臣子就应该追随他逃亡。如果一国之君是为自己的私事而死而逃,除非是他亲近的人,别人哪里有责任呢?"

正说着,门打开,崔杼出现了。

在众人的注视下,晏婴进了门,趴在庄公的尸体上大哭起来,以尽君臣之礼。哭完后他站起来,跺了三下脚(古时丧礼,向死者跳脚号哭,以示哀痛),出门离开。

按理,晏子的哭尸行为是对崔杼的抗议和蔑视,被杀头是理所当然的事情。崔杼身边有人提醒说:"主公,杀了他吧。"崔杼有所顾忌,说:"晏婴这个人很有名望,不杀他才能得人心。"

于是,晏婴以自己的机智保全了自己的气节,也逃过一难。

歃(shà)血为盟,宁死不屈

崔杼弑君后,和另一个实权人物庆封共同扶立庄公的弟弟为齐景公。崔杼任左相,庆封任右相。不过,他们依然做贼心虚,生怕齐国众臣找后账不服气,于

晏婴：以五尺之短，谋万国之长

是决定先发制人。

为了巩固权势，他们把满朝文武大臣都驱赶到太公庙里，派兵内外把守，围了个里三层外三层。崔杼手持长剑，逼迫大家歃血为盟，表示效忠于他。稍有违背，即被处死。

于是，大臣们只得一个一个排着队来到前面，按照要求用手指蘸着牲畜的鲜血涂在嘴边，说出誓言："不忠于崔杼、庆封而讨好王族的人，不得好死！"

有的人想蒙混过关，说话声音很小且含混不清，或者手指轻轻一蘸，还没碰到血就缩回来。崔杼发现以后，一律处死！

一时间，崔杼在庙堂之上居然连杀了七人，气氛十分紧张。

轮到晏子出场了。

这可真是生死考验啊。

是坚守自己的底线，还是先保命再说呢？晏子做出了大胆的选择。

只见晏婴仰天长叹，说道："崔杼无道，犯下弑君之罪。不忠于王族而讨好崔杼、庆封的人，不得好死！"

崔杼听后勃然大怒,恶狠狠地说:"更改你的誓言,咱们一同主宰齐国;如果不改,剑就抵在你胸口,你看着办!"

面对崔杼的威胁,晏婴更是坚决,他说:"哪怕利刃钩着我的脖子,利剑推进我的胸口,我也不改变。"

崔杼恼羞成怒,果真要杀掉晏婴。关键时刻,旁边的人拦住崔杼说:"千万使不得!您杀庄公,是因为他无道,国人反应不大;晏婴是得民心的人,杀了他,就是与民为敌啊。"崔杼无奈,只能咬牙切齿看着晏婴拂袖而去。

晏婴倒是毫不畏惧,他一边往外走还一边说:"你做了天大的坏事,却来施加这些小恩小惠,哪里抵得过你的过错呢?"

面对手握实权的崔杼,晏子不仅不和他同盟,而且还敢于谴责他。刀锋之下,这份胆量和底气,着实难得。

但是,晏婴一坐上马车,他的车夫就立刻快马加鞭,恨不得长出翅膀来,赶紧离开这个是非之地。晏婴拉住他的手说:"稳重一点!快了,不一定能活下来;

晏婴：以五尺之短，谋万国之长

《晏子春秋》内页图

慢了，也不是必须死。你看，鹿生长在荒野，命却在厨师的手里。我晏婴的命，也是在别人的手里啊。"

马夫这才稍稍放松下来，晏婴最终一路平安到了家。

小个子晏婴，在生死关头，表现得如此淡定、如此沉着，这就是君子之风。他靠着自己的风度和品格，获得了很多的赞誉和民心。

晏子治东阿

朝中有崔杼和庆封先后专权，晏婴只能谋求去地方当官，远离都城的是是非非。

齐景公派他到东阿县去当县令。他一去三年，结果，差评不断传来。齐景公听到以后，特别不高兴，把他召回来，要免他的职。晏婴急忙对齐景公说："我已经知道我的过错了，请再给我三年时间，我一定让您听到我的好名声。"

于是，齐景公又给了他三年时间。这一次，晏婴果然美名远扬，无数人都夸赞他治理得好。齐景公很高兴，把他召回来，要大大地赏赐他。

晏婴却坚决不肯接受。

齐景公很奇怪，问他："为什么你不接受赏赐呢？"

晏婴说："刚到东阿的时候，我修筑道路，维护治安，坏人们恨我；我奖励孝顺节俭，惩罚好吃懒做，懒汉们恨我；我秉公执法，不屈服于权贵，权贵们恨我。于是，这些人竭尽全力地诋毁我，三年之后，坏名声就传到您的耳朵里了。后面的三年，我改变了做法：不修道路，不维护治安，坏人们就高兴了；不提倡孝顺节俭，懒汉们就高兴了；执法断案，偏袒权贵，权贵们就高兴了。他们时时刻刻赞扬我，三年后，好名声就传到您的耳朵里了。因此，当初我受到惩罚，其实应该受到嘉奖；现在我受到嘉奖，其实应当受到惩罚啊。"

你看，如果社会风气不正的话，要想有所作为，必定会触犯一部分人的利益，就会招来无数诽谤；要想维持一团和气，只能做得过且过、是非不分的"老好人"。一直到今天，晏子的话都很有警醒作用。

晏子坦诚说出了自己前三年、后三年在东阿的实际情况，让齐景公了解到两种治理方式给自己和国家带来的影响。

这一下子，齐景公知道了晏婴的能干。在处理了一批不干实事的朝中权贵后，他任命晏婴为相国。

晏婴得到齐景公的信任后，更是忠心耿耿为国谋利，也常陪在国君左右。

一次，晋国密谋攻打齐国，事先派使者到齐国去打探情况。

齐景公设宴为使者接风洗尘。宴会上，晋国使者突然提出一个要求："请国君将您手中的美酒赏赐给我吧。"齐景公一时没反应过来，顺手就把手里斟满美酒的酒杯赐给了使者。这位使者接过来，一饮而尽。

一旁的晏婴看到这一切，立刻觉察到了不好的苗头。他立刻厉声吩咐侍臣说："还不快把这个酒杯撤了，给国君再换一个。"

原来，按照当时的礼节，在酒席之上，君臣是不能共用一个酒杯的。晋国使者故意用了齐景公的酒杯，其实是在羞辱齐国，幸好被晏婴识破了。

晋国的使者回国后向国君报告说："齐国还有晏婴这样贤能的人在，现在还不是攻打它的时机啊。"晋国于是放弃了攻打齐国的想法。这就是"折冲樽俎"的典故。

成语释义

折冲樽（zūn）俎（zǔ）

解释：在酒席宴会间制敌取胜，指进行外交谈判。樽俎，古时盛酒食的器具。

同义词：折冲尊俎

就这样，在接风宴会上的觥筹交错之间，晏婴不动声色地化解了一场外交危机，维护了国君和国家的尊严，还令敌国收起了觊觎之心。

晏婴谏齐景公

再次当上相国的晏婴，依旧是想尽办法劝谏齐景公。

景公三十二年，齐国天空出现了彗星。古人迷信，认为这是不祥的预兆，预示国家将有大乱。齐景公非常不安，想到手下好几个卿大夫实力都在增长，不由得叹了一口气，说："这富丽堂皇的宫殿，也不知道最后落在谁的手里。"群臣都陪同着潸然泪下，一时间气氛非常忧伤。只有晏婴不合时宜地哈哈大笑，惹得齐景公相当恼怒。

晏婴说："我是笑诸位大臣阿谀奉承得有些过分了。"

齐景公说："彗星出现在东北方，正是齐国的分野，寡人因此很是担心。"

晏婴说："大王您修高台，挖深池，建宫殿，唯恐赋税征收得不够，刑罚不够严厉，这样下去，妖星都要出现了，彗星又有什么可怕呢？"

齐景公继续问："不知道祈祷能不能消灾呢？"

晏婴则说："如果祈祷能让神灵降临，那么祈祷也能让神灵离去。如今，老百姓们怨声载道，您一人的祈祷，怎么能抵得过千百人的祈祷呢？"

当时，齐景公喜欢大兴土木，豢养宠物，生活极其奢侈。钱不够用，就征收很重的赋税，百姓有怨言，就滥施刑罚。所以，晏子借此机会直谏景公。有一次，齐景公的宠物鸟飞走了一只，他很愤怒，要把看管的小吏杀掉。晏子在旁边不急不慢地说："大王，此人犯下了三条罪状，您先让我说完再杀他吧。"

景公说："好，你说说看吧。"

于是，晏婴就开始数落那个小吏："你负责给国君看管鸟儿，如今鸟儿飞走了一只，这是你的第一条罪状；你让我们仁德的国君，仅仅因为一只鸟儿就杀人，这是第二条罪状；各国诸侯听说这件事以后，就知道我们的国君看重鸟儿，不看重人，把畜生的命看得比人的命还金贵，这是你的第三条罪状。好了，我说完了，国君您杀了他吧。"

这么明显的劝讽，齐景公当然听得明白。他只好说："算了，算了，饶了他吧。"

晏婴：以五尺之短，谋万国之长

还有一次，齐景公想给晏婴换一座房子。他对晏婴说："你的房子又矮又小，离市场太近，成天闹哄哄的，没法儿住。我给你换一个环境幽美、宽敞明亮的住处吧！"

晏婴不肯，他说："我的祖先一直就在这里住，而且这里离市场近，买东西也方便。算了吧，不要再换了。"

齐景公听晏婴这样说，就开玩笑地问他："你离市场这么近，知道什么东西贵、什么东西便宜吗？"

晏婴回答说："当然知道喽。"

齐景公说："那你说说看，什么贵，什么便宜？"

晏婴回答说："假脚卖得贵，鞋子卖得便宜！"

这个时候，齐国刑罚过多过严，很多人被处以刖（yuè）刑，就是被砍掉一只脚或者两只脚，因此市场上卖假脚的生意兴隆，卖鞋子的反而不景气。齐景公听了很吃惊，马上也就明白了，此后就减少了刑罚。

这样的故事，在《晏子春秋》里不胜枚举。晏婴机智地抓住每一个可能的机会，多次对齐景公直言讽谏，在春秋后期为齐国的内政外交立下了汗马功劳。

二桃杀三士

齐景公一直想恢复齐桓公时期的霸业,晚年的时候开始好大喜功,想豢养一批力大无穷的勇士来建立自己的功业。齐景公帐下有三位勇士,分别叫公孙接、田开疆、古冶子,号称"齐国三杰"。这三人,都高大威猛、虎背熊腰、力大无穷,以勇气搏杀猛虎而知名。

仗着有国君的宠爱,"齐国三杰"非常傲慢,为所欲为,不仅怠慢公卿,而且在齐景公面前也全无礼法。

这天,晏婴刚好遇见这三个勇士。按照礼法的要求,晏婴从他们面前经过时需小步快走,他们也需起身回礼。可是这三个人呢,居然没有起身回礼。

晏婴深感忧虑,前去拜见齐景公,对他说:"君王的这三个勇士没有君臣大义,不懂朝廷礼仪,以后肯定会危害国家,应该想办法尽早除掉。"

齐景公说:"哎呀,这三个人力气大、武艺高,一般的侍卫都制服不了,你有什么能耐除掉他们呢?"

晏婴说:"请国君赐给他们两个桃子,让他们三位按照功劳大小分桃子吃。"

于是,一次在朝堂之上,齐景公只拿出两个桃子

汉画像石中的"二桃杀三士"

赏赐这三位勇士。晏婴建议说:"园中成熟的桃子只有两个。你们就按照功劳大小来分吃吧。"

公孙接第一个接话:"我曾经独力搏杀一头野猪,杀死一只产仔后的母虎,像我这样的功劳,可以不与他人分享而吃一整个桃子吧?"说完,他拿起一个桃子。

田开疆说:"我曾经在战场上手执兵器击退三军齐备的敌人,像我这样的功劳,也可以吃一整个桃子吧?"他也拿起了一个桃子。

古冶子说:"我曾经跟着君王一同渡过黄河,结果黄河里的巨鳖咬住君王的马,把马拖入了激流中。

我不会游泳，就在水中潜行，逆流走了上百步，顺流走了九里，最终抓住巨鳖并杀了它。像我这样的功劳，也可以吃一整个桃子吧？你们两个应该把桃子放回去吧。"

公孙接和田开疆立刻羞愧无比，都说："我勇气不如你，功劳不如你，不懂谦让先把桃子拿走了，是贪心。我这样的人，如果还活在世上，就不算有勇气了。"于是，他们都把桃子放了回去，相继自刎而死。

看到这一幕，古冶子说："我们三个情同手足，曾结拜为兄弟。你们都死了，我若独自活着，这是不仁不义啊。"于是，他也自刎而死。

春秋时期，人们崇尚侠义。公孙接、田开疆、古冶子因争吃桃子而产生的悔恨、自责、惭愧，最终导致三人都自刎而死。齐景公只得用官服收殓了三人的尸体，用安葬士的礼节好好安葬了这三人。

晏婴未动一刀一枪，就把三位功高盖世的勇士给除掉了，为齐国去除了后患。人们常感叹一石二鸟、一箭双雕，晏婴则是二桃杀三士。

晏婴去世的时候，在外地游玩的齐景公立刻催促车马赶回去，后来嫌车马跑得慢，甚至自己下车跑，跑了一阵子，又觉得不如马车快，又上车，前后四次下车快跑。他一路哭着跑到晏婴家，趴在晏婴的尸体上一边号哭一边说："当年与先生出游，先生一天三次当面批评寡人，如今谁还能这样啊？"

晏子死后，齐国王室的权力被田氏家族取得。田氏代齐、三家分晋，就成为春秋和战国的分水岭。战国时期，齐国也很强大，但已不是姜齐，而是田齐了。

课后设计

【深入探究】

"使"字的用法

晏子使楚。楚人以晏子短，为小门于大门之侧而延晏子。晏子不入，曰："使狗国者从狗门入。今臣使楚，不当从此门入。"傧者更道，从大门入。见楚王，王曰："齐无人耶？使子为使。"晏子对曰："齐之临淄三百闾，张袂成阴，挥汗成雨，比肩继踵而在，何为无人？"

王曰:"然则何为使子?"晏子对曰:"齐命使,各有所主。其贤者使使贤主,不肖者使使不肖主。婴最不肖,故宜使楚矣。"

将下列"使"字意思相同的句子放到一起。

① 晏子使楚
② 使狗国者从狗门入
③ 使子为使
④ 何为使子
⑤ 齐命使,各有所主
⑥ 使使贤主

| 出使: | 让、派: | 使者: |

课后设计答案

管仲
1. 生死之交、点头之交
2. (略)

重耳
(略)

百里奚
1. ③⑥①②⑨④⑦⑤⑧
2. 预知子　北当归

赵武
元杂剧《赵氏孤儿》根据《史记·赵世家》改编。在时间上,将晋景公和赵朔,调整为晋灵公和赵盾;在情节上,增加了屠岸贾训练狼狗,扑咬穿着赵盾衣服的草人的情节,以及程婴用亲生儿子换取赵氏孤儿性命的情节。这都属于文学作品的演绎,与史书记载不同。但作为享誉世界的名剧，建议读一读或者看一看哦。

楚庄王
1. D　2. C

范蠡
吴国：阖闾、夫差、伯嚭、伍子胥
越国：勾践、允常、西施、范蠡、文种

晏婴
出使：①②　让、派：③④⑥　使者：⑤